間違った「任せる」が授業を壊す

重谷哲生 著

明治図書

はじめに

今の時代、あらゆることが自動化されつつある。わざわざ買い物に出かけなくても、何でもネットで注文できる時代である。電車に乗りたければ、スマホがあればそのまま改札を通過することができる。電車に乗るたびに切符を買っていた時代が懐かしい。

さらにはＡＩの登場である。ネットには対話式のＡＩが搭載され、こちらの質問に的確に答えてくれる。企画書などを作成するときは、一から考えるよりＡＩに質問した方が速い。

こうした中で、人間は次第に考える力を失っている。自分の頭で考えなくても、調べたいことをスマホで検索すれば、大抵の情報を手に入れることができるのだからわざわざ苦労して考える必要もない。確かに便利な時代になったが、このような生活を送っていれば、いずれ考えること自体が面倒になってくるに違いない。

学校現場では今、「考えない」子どもが目立つ。自分の頭で考え行動する子どもは年々減少し、その多くは、教師の指示を待っている。最近、教室でよく聞く言葉は「先生、次は何をするのですか？」なのである。

それにしても、どうしてこれほど、「考えない」子どもが増えてきたのだろうか。

一つ言えるのは、社会全体に「自分が考えなくても、誰かがやってくれるだろう」という「他人任せ」な空気感が漂っていることである。このような社会で生活する子どもたちに、いきなり「自分の頭で考えて行動しなさい」と言っても、無理な話なのかもしれない。

かつての学校では、今よりもう少し、子どもたちは生き生きと活動していた。当番活動や係活動を任せると、休憩時間を返上してまで熱心に活動する様子も見られた。だが、これは、もはや古きよき時代の思い出に過ぎないのかもしれない。多くの学校で掲げられる「自主性」「自立」などの学校教育目標。これらが今、単なるスローガンになっている。言葉だけが一人歩きし、実際には「自立」した子どもが育っていない実態がある。

自主性を尊重するあまり「(何も)教えない」ことが「自主性」を育てることととらえた、間違った「任せる」が増えていないだろうか。

私たち教師は、このような現実を受け入れなくてはならない。そして、総力を挙げて立ち上がらなくてはならない。

教えるべきことは教えることで土台を築き、その先に、「真に自立した人間を」育てなくてはならないのである。

教育界は大きく揺れ動いている。

個別最適化の流れはますます進んでいくだろう。教育のＤＸは進み、あらゆることが電子化され、より効率的になってくる。

私たち教師には「時代」を読み「未来」を読む使命がある。

未来の社会を支える子どもたちをどう育てるか。

これからも思考停止することなく考えていかなくてはならない。

そして、私自身、読者の皆様と一緒に考えていきたいと思っている。

本書が皆様のお役に立てることを祈りつつ。

重谷　哲生

目次

第2章　教師が指導すべきこと

第3章 本当の自立へと導く指導

第1章

任せるばかりの指導への警鐘

1 間違った任せ方

■任せる理由

学校生活において子どもに何かを「任せる」場面を思い出してみる。真っ先に思い浮かんだのは児童会・生徒会活動である。小学校の児童会活動を例にとれば、学習指導要領に「児童が主体的に組織をつくり、役割を分担し、計画を立て、学校生活の課題を見いだし解決するために話し合い、合意形成を図り実践すること」と明記されており、子どもが自主的に活動する場が保証されていることがわかる。

多くの学校では、主に代表委員会や朝会を主催する「運営委員会」が組織される。この運営委員会を中心に、各種委員会の活動を子どもたちに任せている。教室では学級委員を中心に学級会が開かれ、学級の諸問題について解決のための話し合いが行われる。学校単位でいう委員会は、学級単位で考えると当番活動がそれに該当するだろう。当番活動では「給食当番」や「掃除当番」など、学級で生活する上でなくてはならない仕事を割り当てている。さらに、こういった活動以外にも、数多くのことを任せていることに気がつく。授業においてはグループ活動を任せているし、時には45分間の授業をすべて子どもに任せることもある。私たち教師の仕事は「自立した人間を育てる」ことを目的としている。自立とは「自分の力で物事をやっていく」という意味である。**教師が一方的に教え、子どもがひたすら聞いているというような授業をしていては、彼らの自立は望めない**のである。

■正しく任せる

子どもに活動を任せるにあたり、教師が気をつけておくべきことは、彼らに「正しく任せる」ということである。正しく任せるにはいくつかのポイントがある。それが以下に示す４段階のステップである。

- **●指導する**
- **●信じる**
- **●任せる**

●認める

はじめに、**任せようとしている活動について事前指導を行う。このとき「何のために活動するのか」という活動の目的について考えさせることが大切**である。

例えば、日直の仕事。その目的を子どもたちに考えさせると「その日の学校生活を引っ張るリーダーになる」などの意見が出てくる。これを教師が一方的に伝えたのでは、日直の仕事が「やらされる」仕事になってしまう。目的を子どもたちが考え、それを学級全体で共有することで、活動が意味あるものになり、結果として責任をもって最後まで取り組むことができるようになるのである。

指導することとは、目的以外にもある。活動内容についての指導である。どのような内容をどのように行うのかを明確にしておかなければ、子どもたちは混乱する。

例えば理科の実験を班で行うとき、活動を丸投げしてしまうと間違いなく実験に取り組む子とそうでない子が出てくる。そうならないためにも、実験の手順や誰が何の実験を担当するのかを決めておく必要がある。このとき大切なのは、活動内容の詳細はできるだけ子どもに考えさせることである。教師の指示で動くことが常態化してしまうと、子どもたちは教師の指示を待つようになってしまう。

事前指導を重視する理由には「後から指導」をしない、ということも含まれる。一旦活動を任せれば、途中で指導をはさむことなく、子どもが最後までやり切るのが理想である。事前指導が不十分で、活動がうまくいかなかったとき、教師は途中で口をはさんで注意することがあるが、それは避けるべきである。子どもたちにとって、活動を途中で止めることはストレスであるし、注意などされようものなら「それなら最初から言っておいてほしい」と考えるだろう。

こういった「後から指導」は時に、子どもからの信頼を失ってしまう恐れもあるので注意したい。

■信じる・任せる・認める

活動の前に事前指導をしっかりと行い、子どもに活動を任せたならば、教師は「信じる」ことから始めよう。「子どもの動きを途中で止めない」という覚悟をもち、結果はどうあれ「自分たちの力で最後までやり切ることができる」と信じるのである。教師が子どもを疑っていたのでは、彼らもそれを敏感に感じ取り、思い切って活動することができないからである。

どのような活動にも失敗はつきものである。事前準備をしっかりと行ったにも関わらずうまくいかないことなど日常茶飯事である。

例えば、学年初めの学級会では、時間内に予定通りの話し合いが完了することは難しい。司会者が、いくら事前の準備をしていても、ランダムに飛び出す意見に混乱し、時に翻弄させられることもある。こんなとき、教師はどうしても指導したくなるのだが、グッと我慢し最後まで見届ける。指導は活動が終わってからでもよい。

活動の結果については、子どもたちが真摯に反省し、それを次に生かせばよい。教師の仕事はそれをしっかりとフォローして、次に向けて励ますことなのである。

子どもたちの活動を支えるのは、教師からの「肯定的評価」である。反省点については実際に活動した子どもが一番わかっているものだ。その点については子どもに任せ、教師は子どもたちの活動の中からよさを見取り、しっかりとほめていきたいものである。

教師のほめ言葉は、子どもたちにとって何よりうれしいものである。子どもたちの動きを客観的にみて、的確に価値づけすることができるのは、活動を見守った教師である。子どもたちは、ほめられることで「こんなところまで見てくれていたのか」と教師に対して信頼感を抱き、安心して活動に専念することができるようになる。

そして、自分のよさに気づいた子どもたちは、自信をもってさらに積極的に活動に取り組むようになるだろう。

活動が軌道に乗り始めたら、教師から子どもへのほめ言葉だけでなく、子ども同士がほめ合うことができるようレベルアップさせていきたい。教師のほめ言葉は、大人から子どもへの「肯定的評価」であり、ほめられた子どもは確かにうれしいだろう。しかし、子どもは友達からのほめ言葉の方がもっとうれしいはずである。

同じ学級の仲間から認められることで、彼らは学級を自分の居場所だと思うようになるだろう。そんな安心感に包まれて活動する中で、さらに子どもたちの力は伸びていくのである。

■間違った任せ方

「正しく任せる」のところに書いた4段階のステップのうち、特に「事前指導」をしっかりと行なっていない場合、それは「間違った任せ方」になってしまう。

教師の仕事は忙しく、ついつい無計画に子どもを動かしてしまうが、気づいたときには取り返しのつかないことになっていることがある。

教師になって初めて1年生を担任したときにこんな失敗をした。授業が終わってチャイムが鳴ったので、子どもたちに「休憩です。外に出て遊びましょう」と指示し、私は誰もいない教室で連絡帳に返事を書いていた。ほどなくして再びチャイムが鳴り、休憩時間は終わったのだが、気づけば子どもは誰一人戻ってこない。まさかとは思ったが、私の学級の子どもだけが運動場を走り回っている。慌てて子どもたちに戻ってくるよう声をかけるが後の祭りである。

あちらこちらに散らばった子どもたちを探すのは、骨の折れる作業だった。全員が教室に戻ったのはチャイムが鳴ってから20分以上経ってからだった。

このケースでは、子どもたちに休憩の指示を出す前に、次のチャイムで戻ってくることを伝えていなかったのが失敗の原因である。「無計画な指示が大混乱を招く」という悪例である。

かつて向山洋一先生は「指示を出すときは最後の動きまで指示せよ」と説いていたが、まさにその通りである。**無計画に子どもに任せることを「放任」という。**自由にさせれば子どもは育つという人もいるが、学校においては通用しないのである。

「考え続ける」教室の風景　その１

2 無責任な放任がもたらす弊害

①無計画に配布されたタブレット端末

■指導されなかったタイピング

ＧＩＧＡスクール構想により、日本中の児童生徒にタブレット端末が配布された。コロナの影響で休校を余儀なくされていた時期にタイミングよく端末が支給されたことで、子どもが自宅にいても授業を受けることができるようになったことは記憶に新しい。

コロナが落ち着くと、タブレット端末の使用も加速した。教室の授業においても端末を使用することができるようになり、ワクワクした気持ちで授業に臨んだ教師も多いことだろう。私もそのうちの一人である。端末の使い方はさまざま考えられるが、実際に使わせてみると「ちょっとまずいな」と思わずにはいられない事実が判明した。例えば、ネット検索の場面。子どもたちは検索窓にキーワードを打ち込むのだが、これがバラバラなのである。ある子はローマ字入力で手速く入力しているが、別の子は右手1本、左手1本で入力している。これが意味することはただ一つ。「キーボード入力について指導がされていない」という事実である。また、一般的には「ローマ字入力」が主流であることを考えると、全員に「ローマ字表」のような補助的な教具を渡す必要もあるだろう。

■放置しているうちに状況が悪化する

話を戻そう。2本の指で入力している子どもについてである。よく見ると、その子は想像以上のスピードで入力していく。このとき「2本の指でこんなに速く打てるのか」と感心している場合ではない。当然のことながら2本の指での入力には限界があり、通常のタイピングと比較するとかなりの差が生じる。

お気づきだろうか。ここでの**一番の問題点は、子どもが「自己流」で入力しているうちに、ある程度の技能を身につけてしまっていること**にあるのだ。通常のタイピングでは、左手人差し指をF、右手人差し指をJに置く。いわゆるホームポジションである。これを起点にして上下左右にどのキーをどの指が担当するかは長年の研究の末に確立されている。

これはピアノ習得でいう「バイエル」のようなもので、基本中の基本であり、これをマスターしておかないと後々困ることになる。

子どもたちはタイピングが大好きである。理由は簡単で、タイピング習得サイトがネット上にあり、そこへアクセスすると自分でタイピング練習をすることができるのだ。タイピングの技能に応じて得点が加算され、基準をクリアするとアイテムがもらえるサイトもある。子どもたちは、ほぼゲーム感覚で嬉々としてタイピングに取り組んでいるのだが、ものの見事に指づかいはバラバラで、全く基本に沿っていない。あちらこちらで自己流の指づかいが身についてしまっているのである。私は、これを見るたびに「きっと将来困るだろうな」と暗澹たる気持ちになってくる。さすがに「これではまずい」とホームポジションから覚えなおす活動を取り入れているのだが、一度身についてしまった癖はなかなか治らないのである。

■事前指導の重要性

このことから得られる教訓は何だろうか。

緊急なタブレット端末配布はある意味、コロナの情勢からして仕方のないことだったと考えられる。

しかし、本格的に配布する前に、事前指導が必要だったのは間違いない。少なくともタイピングの基礎くらいは指導すべきだったのではないだろうか。

まだまだ取り返すことができるかもしれないが、子どもたちの実態を見る限り「後の祭り」という言葉も浮かび上がってくる。

自己流の癖を身につけた子どもたちは、将来社会人となったときに何を思うのだろうか。

②無責任な個別最適化をする学級

■個別最適化の時代が到来

個別最適化の流れは止められない。

個別最適化といえば、すぐに頭に浮かぶのがタブレット端末を使用することによる対応である。実際、文科省の資料からもそれが読み取れる。

今後の教育方針はさまざまなメディアを通してその方向性が示されているが、国を挙げての教育DXが予想される。

多くの課題は端末を通して子どもに示され、子どもは課題に取り組む。それを提出すればクラウドに保存され、分析をAIが行うだろう。AIはその分析能力をフルに発揮し、子ども個人に応じた対策を示してくる。おそらく子どものつまずきに応じて課題を選定し、個々に再度課題を示すという流れになる。

ここまで来れば、かなり個別最適化された感じがするだろう。通常教師が行うべき子ども一人一人のアセスメントをＡＩがやってくれたら教師も助かるに違いない。

ただし、実現までには、まだまだ時間がかかるだろう。早期実現するためには、子どもの成績をはじめとする個人情報を学校が管理するのではなく、自治体や国で管理し、そこへＡＩを導入するのが近道である。しかし、セキュリティの問題や個人情報保護の問題などを考えると、実現は容易ではなさそうだ。

■アセスメントの難しさ

今現在、学校現場では個別最適化の取り組みとして、タブレット端末を利用している。これはとてもよいことなのだが、ＡＩが導入されていない今の実態では、教師によるアセスメントに膨大な時間がかかるという問題点がある。

例えば、ある児童の算数の理解度を考えたとき、その子のつまずきがどこにあるのかを見つけるのは、実際のところ容易ではない。本気でやろうとすれば、莫大なプリントを用意し、全部やらせてみないとつかめないだろう。

それを学級全体で考えないといけないとしたら、もはや教師はギブアップするしかない。

そこで、次のような、場当たり的な対応が生じてしまう。

●とりあえずタブレットに取り組ませてみよう。
●教科書を使うかタブレットを使うか本人に選ばせてみよう。

実に安易な発想に思えるが、実際にアセスメントに無理があるのだから、これくらいしかやりようもない。

もちろん力のある教師は少し工夫する。例えば、活動前に、遊びにならないように各自に目標を立てさせ、さらにはどのように取り組むかを考えさせる。そして実際に活動させ、その結果を受けて自己の振り返りを設定する。一見、これで学びが成立しているように思えてしまうのだが、本当にそうだろうか。

■子どもの自己分析の精度

子どもの自己分析には、どれくらいの精度があるのだろうか。子どもに学習の内容を選択させるのはよいことだが、もしかしたら「こちらの方が楽しそう」とか、単純に「楽かもしれない」という理由で選択している可能性もある。こうなった場合、果たしてそれが子ども一人一人の実態に合った、つまり最適化されたやり方なのかという問題に直面するのである。

例えば、「書くのが面倒くさい」という理由でノートを書かない児童。こういう子にノートかタブレットか選択させると、かなりの確率でタブレット端末での活動を選ぶ。教師はそれを見て**「あの子は書くのが苦手だから端末に入力するほうが合っている」と考えるが、これが本当に個別最適化と言えるのだろうか。**その子にとっては端末に逃げるのではなく、ノートと向き合い、文字を鉛筆で書き込んでいくほうが、実は成長に繋がるのかもしれないのだ。

■直接体験の重要性

聞くところによると、図工の授業の水彩画。本来画用紙に水彩絵の具を使って絵を描くという授業なのだが、ここでも安易に選択させている教師がいるらしい。子どもが選択すれば、端末の絵画ソフトを使用して絵を描いてもいいというのである。

確かに今の時代、端末で絵を描くという人は多い。実際に私もタブレットで絵を描くこともある。ただしそれはあくまでも個人的に、である。

子ども時代に、実際に紙に向かって絵を描くという体験は、直接体験として絶対に必要なのではないだろうか。

水をたくさん含んで美しく光る絵の具。紙に筆を走らせると微かに抵抗を感じながら色が滲んでいく。そのような体験をふいにしてまでもタブレット端末の画面にデジタルペンで絵を描く必要があるとは到底思えないのだがどうだろう。

本当の意味での個別最適化を図るには、先にも述べた通り教育のＤＸがもっと進まないと無理だろう。そしてＡＩの力を借りなければならない。そこまでどう乗り切っていくのか。これは教師に課せられた大きな課題でもある。

③漢字を教えない教師の学級

■実在する漢字を教えない教師

もう10年くらい前の話になるが、「漢字を教えない教師」に出会った。

漢字を教えない教師は、全く指導しないまま漢字ドリルなどの教材を配るという。そしてあとはひたすら漢字練習を宿題として子どもに課すのだそうだ。

確かに漢字の指導には時間がかかる。新出漢字の数は学年ごとに決まっているが、単元によっては15個くらいの漢字を教える必要があるのも事実である。とはいっても、それを理由に漢字を指導しないという選択肢があるとは正直思っていなかった。

漢字ドリルはなかなかよくできていて、子どもが自習可能なつくりになっているものもある。見開き半分に新出漢字が大きく記載され、音読み、訓読みはもちろん筆順も一画ずつ色分けされている。用例も読みに合わせていくつか例示されている。

だからと言って配って終わりでは、漢字一文字に季節や心情を表す日本文化のよさ、まではは伝わらない。漢字は文字そのものが意味をもつという奥深いものなのである。読むこと、書くこと以外にも、漢字の奥深さについて考えさせる授業があってもよいはずである。

■漢字指導を怠った結果

漢字を教えない教師の学級ではどのようなことが起こるのだろうか。

その教師は「漢字は自由に学ばせた方が、力がつく」と声高に主張していた。

当時私は算数の専科を担当していたのだが、その学級で記述問題に取り組ませたところ漢字を教えない教師の弊害を認めざるをえなかった。

その問題の要求する回答は「AはBよりCグラム多い」というものだった。漢字を使うとしたら「多い」の部分である。もちろん「多い」という漢字は学習済みである。ところが、実に学級の3分の1に当たる10名ほどが「大い」と書いていたのだ。何かの間違いかと思い、子どもに確かめてみたのだが「大きい」ではなく「大い」と大真面目に書いているのである。

これが漢字を教えない教育の実態である。

この調子だから、学期末の50問テストや学年末の100問テストは悲惨なことになる。合格点を80点として学級の半分も合格者が出ないのである。仕方がないので、何度も追試を行い、最終的に合格者を増やしていくようだが、初めからきちんと指導しておけば、こんなことにはならない。

「子どもに任せる」とは何とも美しい言葉だが、任せる以前の「指導する」という部分をスキップしては教師のいる意味がない。教師は無責任に子どもに活動を任せてはならないのである。

■漢字指導のステップ

漢字指導には必須のステップがある。多くの漢字ドリルはこのステップを踏襲しているが、実際には教師が中心となって、以下の項目について事前に指導しておきたい。

●読む
●指でなぞる
●空中に書く
●実際に書く

漢字の指導は読むことからである。音読み、訓読みの両方の読み方をしっかりと音読させる。読むことができるようになったら筆順通りに文字を指でなぞらせる。実際に手を動かさないと、筆順は定着しないと思ったほうがよい。

次に空中に書かせてみる。なぞる過程をおろそかにした子は、空中に書くことができない。私の場合は全員起立させ、私の方に向けて書かせる。私は子どもたちの指の動きを細かく確認し、ずれがないか確かめる。慣れてくると、ここでつまずく子はほとんどいなくなる。

そして最後に書かせる。授業で漢字を教えるときには、直に漢字ドリルに書き込ませる。子どもたちが静かに書くことができるようになったら、事前の指導は終わりである。教師がこのステップを意識することができると、漢字の定着率が大幅にアップする。慣れてくると子どもは自分の力で漢字を覚え始めるが、これは事前の指導があったからこそである。

残念ながら、漢字を教えない学級の子どもは、このステップを知らないまま自己流で学んでいくしかない。ただひたすらに漢字練習帳に漢字を埋めていく作業に追われることになり、結果的に漢字の定着は悲惨なものになる。

④任せておいて叱るという矛盾

■騒然とした廊下に怒号が響く

教室から特別教室に移動するとき、私の学級では廊下に無言で集まることになっている。授業が終わると、子どもたちはまず理科の準備を終える。そしてトイレ等を素早く済ませ、廊下に整然と並んでいく。

前後左右の友達同士で忘れ物がないか確認し、あった子は急いで教室に取りに戻る。全員が揃ったところで黙って移動する。列は長くなることなく、適度な長さを保ったまま移動する。理科室へは気持ちのよいあいさつをしながら入っていく。席に着いて私語をする子は誰もいない。

このようなことは、常識であろうと私は思う。

指導をしていない学級では、廊下に出るところからもうできない。友達と喋りながらダラダラと並ぶ。廊下でもおしゃべりは止まらない。列も乱れている。いつまでも並ばないから移動が始まらない。指導の行き届いた学級が、その横を静かに通り過ぎていくが、それを見ても一向に静かになる気配がない。しばらく我慢していた教師も限界がくるのだろう。騒然となった廊下に怒号が響く。

●静かにしなさい！

●そこ、喋りません！

一度こうなってしまうと、元に戻すのは至難の業である。「最初が肝心」とはよく言ったもので、**事前に静かに廊下に並ぶことができるよう指導しておけば、こんなことにはならない**のである。

■目的意識と練習の大切さ

教師の指導なく子どもを廊下に並ばせると、騒然とするのが当たり前である。なぜなら、静かにしなければいけない理由を考えたことがないからである。私は**子どもに指示を出す前に、必ずその目的について学級で共有させる**ようにしている。

●今から廊下に並びますが、気をつけることは何ですか？

●その理由は何ですか？

子どもたちは「他のクラスに迷惑になるから静かに並びます」などの意見を出してくるだろう。その後に廊下に並ばせるのである。

移動先が理科室や音楽室などの特別教室の場合「持ち物の確認をしなさい」と指示し、忘れ物のない状態にして並ばせることも大切である。

一度特別教室に入ったら、もう戻っては来られないことも念押ししておく。

これで子どもたちが静かに並び、移動すると思っていたら大間違いかもしれない。学級全員を静かに並ばせるのは、やってみると結構難しいのである。

そこで私が行うのが「練習」である。たかが「廊下に並ぶのに練習が必要なのか？」と思う人も多いだろう。

私自身、自分以外の教師でこのような練習をさせている人を見たことがないので、教師自身にその発想がないことがうかがえる。

●廊下に並びます。

●当然ですが、廊下に出るときも喋りません。不合格の場合はもう一度やります。

これを2～3回繰り返すと、ものの見事に静かに並べるようになる。ダメなときはネチネチ言わず「もう一度」とキッパリという。合格のときはその素晴らしさを手放しでほめる。

私の学級では、こんな調子で体育館への移動や運動場への移動も練習させる。練習ばかりで子どもが嫌になりはしないかと心配する声も聞こえてきそうだが、その心配は全くない。そもそも静かに並ぶ理由は、子どもたちが自ら考えたものだからである。

自分たちで考えて動く。教師はそれを実現させるために指示を出す。廊下に静かに並べる学級とそうでない学級の違いはこんなところにある。

⑤何のためのあいさつなのか

■毎時間のあいさつ
授業開始時にあいさつを行う学校は多い。これまでに私が勤務した学校では、ほぼ例外なくあいさつが義務づけられていた。例えば次のような流れである。

●立ちましょう。
●これから1時間目の算数の授業を始めます。
●気をつけ、礼。（お願いします）

●座りましょう。

あいさつに関する規定のない学校もあるが、細かい学校ではあいさつの前に「黙想」といって、目を瞑って静かに心を落ち着かせるための時間をとるところもある。

通常このあいさつは、子どもに活動が任されている。号令をかけるのは号令係や日直の仕事に割り振られており、教師が自ら号令をかけることはほとんどない。

以下は、ある年、私が算数専科としていろいろな学級で授業していたときの話である。

その日、私はふとしたことがあって授業に１分ほど遅れてしまった。

遅れたことを詫びて「それでは日直さん号令をお願いします」といったところで事件は起きた。事件という表現は大袈裟な気もするが、私にとっては十分に事件といえるものだった。日直に号令をお願いした私は、あいさつのときを待つ。ところが一向にあいさつは始まらないのだ。あろうことか、子どもたちは「もう終わりました」とさえ言うではないか。これは一体どういうことなのだろうか。

授業開始のあいさつは、教師と子どもが揃っている状態で行われるものと認識していた私は、当然のように面食らった。そこで聞いてみる。

●確か「お願いします」というセリフがあったと思いますが、一体誰に何をお願いしているのですか。

案の定、この質問に誰も答えることができない。授業開始のあいさつという活動が、授業のたびにルーティンとして繰り返されるうちに、もはや意味を失ってしまっているのだ。「お願いします」と言いながら、誰に何をお願いしているのかもわからないという、不思議な状況が生まれているのである。

■あいさつの目的は何か

そこで、子どもたちと「一体誰に何をお願いしているのか」意見を出し合うことにする。すると「先生に授業をお願いしている」とか「友達と学び合うのだから、一緒に勉強しようとお願いしている」などの意見が出てきた。しばらく話し合っているうちに、ようやく子どもたちは教師がいない状態でのあいさつは、何かがおかしいと気づき始めた。こうして改めて話し合うことで、いかに普段から何も考えることなく毎日を過ごしているかが徐々に明らかになってくる。

こういった活動の形骸化はどうして起こるのか。それは教師が活動の意味を十分に指導していないからである。毎日の恒例と決めつけず、事前に言葉の意味を考える機会があれば、話は変わってくるのである。

●どうして起立するのか。
●気をつけとは、何に気をつけるのか。
●誰に何をお願いしているのか。
●そもそもなぜ毎回あいさつをしているのか。

こういった基本的なことを最低限指導した上で、号令係や日直に仕事をさせるべきなのである。指導をきちんとした学級では、あいさつが意味あるものになっている。

●ピリッとした雰囲気で「起立、着席」
●短くはっきりと心のこもった声で「お願いします」

しっかりと指導された学級で育った子どもは、将来公の場での振る舞いも立派なものになっているはずだ。

⑥注意を子どもに任せてはいけない

■注意が雰囲気を悪くする

日直が姿勢の悪い子に対して「～さん、姿勢を直しましょう」と名指しで注意している場面がある。授業中に私語をしている子に他の子から厳しい声が飛ぶこともある。

これらの現象をどう考えるか。

大人の世界では、特定の人を注意せざるを得ない場面に出くわしたとき、大衆の面前で堂々と注意できるだろうか。おそらく注意された人の心情も踏まえて、当人に恥をかかせるような事態は避けるのではないだろうか。そして、本人にそっと注意するだろう。

教室において、子どもが子どもを注意する場面を放置するとどうなるか。

教室の雰囲気が悪くなるのは当然だ。殺気だった教室で過ごしていると子どものイライラは収まらない。ちょっとしたことでまた誰かが誰かを注意する。注意の連鎖が延々と続くことになる。こうなったのは注意を放置した教師の責任である。

■注意は教師の仕事である

そもそも指導すべきことがあれば、教師が指導すればよい。子どもに注意を任せるからいけないのだ。

私だったらこう言う。

●教室で注意しなければならないことがあれば、それは先生が注意します。それが先生の仕事です。

いったんこのように収めておいて、実際には全体の場では注意しない。どうしても指導すべき点があれば、別に呼んで話をすればよい。何も全員の前でこれ見よがしに注意する必要はないのである。子どもに恥をかかせて、注意された子に対してマイナスイメージが広がる方が学級にとってデメリットが大きい。

第2章

教師が指導すべきこと

1 教えない教師がよい教師なのか

子どもに活動を任せる前に、教師が指導することは必須である。巷には「教えない教師がよい教師」だという間違った認識が広まっているようだが、本当にそうだろうか。

教師の仕事は本来「教える」ことである。ならば正々堂々と教えればよいではないか。

教師の指導には様々な形がある。必要であれば一方的に話すこともあるだろう。しかし、実際には子どもに「気づかせたり考えさせたり」する。単なる教え込みとは違うのである。教師は子どもにとっての手本でもある。子どもはよき教師の姿から、よき人間の姿をイメージする。力ある教師の教室では、教師の影響を受けた子どもが次々と育ってくるのである。

この章では、「間違った任せ方」にならないよう、指導すべきことを紹介していく。

「考え続ける」教室の風景　その２

●対話を通して、子どもたちは思考を深めていきます。お互いの知恵を出し合って課題解決のために意見を出している様子です。算数の時間ですが、常に机上には国語辞典が置いてあります。言葉を大切にする教室のあるべき姿だと考えています。

2 公の場を意識させる

①学校は公の場

■公のマナー

学校という場所は、不特定多数の人間が集まるいわゆる「公の場」である。公の場である以上、子どもといえども公の場にふさわしい態度や振る舞い等、いわゆる「公のマナー」を身につけておく必要がある。

「公のマナー」として基本に考えたいのは「他人を不快にさせないこと」である。自分には自覚がなくても、自分の態度や振る舞いにより、結果的に周囲の人間が嫌な思いをしているのであれば、それはマナーに反しているのである。

マナーの悪い大人を指導することは難しいかもしれないが、子どもはまだ間に合う。他人から白い目で見られないためにも、しっかりと指導しておきたいものである。**指導時期は4月の学級開き直後がベストタイミング**である。とかく、マナーのような「規律的」な指導は、子どもたちにとって楽しいものではないが、人間関係がリセットされる４月は、子どもたちの中に、心新たにスタートする気構えができているからである。

■帰る場所をつくる

また私は、公のマナー指導を「帰る場所をつくる」といって指導している。1年間を見通して考えたとき、子どもたちは学校生活を通して、様々なことにチャレンジする。その過程において、時には調子に乗りすぎて態度や振る舞いが乱れることもあるだろう。大人でも羽目を外すことがあるのだから、子どもだと尚更である。

そんなとき、学級がスタートした原点に帰ることができれば、再び落ち着きを取り戻し、リスタートできるようになるのである。

この考えはプロ野球のキャンプをヒントにしたものである。

2月。プロ野球選手は1か月間のキャンプに入る。そこでは体づくりに始まり、1年間を通して活躍するための基礎をつくっていく。この1か月間で彼らが最も大切にするのは「原点」と呼ばれる型をつくり上げることだ。この型はシーズン中に不振に陥ったときに「帰ってくる場所」である。

例えば、打者が不振に陥ったとき、克服しようと原因を探していくが、そのとき、元々どの状態からスタートしたのかわかっていないと、どこをどう改善すべきかが見えなくなってしまうという。

これを学級に当てはめてみると、同じことが言えるのではないか。教師から見て「何だか教室が落ち着かないな」と感じたとき、一度静かで落ち着いた元の状態に戻したいと思うことがある。

ところが、そもそも元の状態がどのようなものだったのかは忘れてしまうのが常なのだ。

そこで、**あらかじめ指導する項目を決めておく**ことをおすすめする。できれば教室に掲示してもいいだろう。教師の「帰る場所に戻ります」の一言で、戻ることができるようにしたい。

②あいさつの大切さ

■あいさつの目的

学校では「あいさつ運動」などの取り組みが行われるが、意外に子どもたちはその目的を知らないものだ。

「子どもたちがあいさつをしない」というのは、よく地域の方から指摘されがちだが、そもそも子どもたちに目的意識がないのだから、そうなるのも仕方がない。おまけに、昨今の安全指導の観点から「知らない人とはあいさつしない」という考えも浸透しつつある。これらの複合的な理由からあいさつをするという行為自体が少なくなっている現状がある。

「あいさつをすると気持ちがよい」という指導がある。子どもの心情に訴えた指導方法であるが、公の場としての振る舞いで考えると、あいさつにはもう少し深い意味がある。

例えば、あいさつには次のような意味があるだろう。

●よりよき人間関係の構築

プライベートな話で申し訳ないが、うちの近所に犬を飼っている方がいる。犬を飼うのは自由だし、結構なことなのだが、困ったことにうちの家の壁に向かって放尿させているのだ。これを面と向かって注意すると、おそらく人間関係が壊れるだろう。

そこで大切なのが、あいさつである。犬を連れたご近所の方が怪しい動きをする前に、颯爽とあいさつするのだ。

●おはようございます!

何ならそれをきっかけに別の話題で話をしてもよい。これを何回か繰り返すとどうだろう。うちの家の前で放尿させる飼い主が少なくなってきたのである。

■マナーとしてのあいさつ

あいさつといえば、日本においてはビジネスマナーとしても重要な位置を占める。例えば「語先後礼」もそうだ。これは、先に「こんにちは」と言ってからお辞儀をするという流れを表しているのだが、これができるだけでもかなり印象が変わってくる。

また、合わせて次のようなことも指導しておきたい。

●相手より先に自分から。
●相手の目をみて。
●いつでも明るく元気よく。

たかがあいさつ、されどあいさつなのである。

教室での日々のあいさつは、やっているうちに慣れが生じ始める。そして放置しておくといつの間にか形骸化する。

元気のない声でだらだらとあいさつしている様子が見られたら、原点である目的に立ち返りリスタートするのがよい。

また、授業でのあいさつを毎時間繰り返していると、マンネリ化してしまう。それならば、思い切って授業中のあいさつを止め「朝と帰りのあいさつは本気でやる」というように、メリハリをつけて指導してもよいのではないだろうか。

③時間を守ることの大切さ

■間違った着ベル指導

時間を守るのは基本中の基本である。社会に出れば、時間を守ることができないと話にならない。特にビジネスの場だと信用問題になってくるから軽視できない。

子どもたちの将来のためにも、**義務教育段階で、時間を守ることができるように指導をしておく必要がある**だろう。

学校で行われる「時間指導」の中には、ちょっと首を傾げたくなるような指導がある。題して「間違った着ベル指導」である。

まず「着ベル」とは何か。これは「着」と「ベル」に分けて考えるとわかりやすい。先に席に着き（着）チャイムを聞く（ベル）という意味である。

ただし、これに次のような指導が加わるとかなり間違った指導になってくる。

●毎時間着ベルをチェックし、できたら花丸をつける。
●1日を振り返り花丸の数に応じて宿題を減らすなどのご褒美を与える。

こうなると子どもたちはご褒美のために時間を守るようになる。そうなると次のような現象が教室に生じることになる。

●おい！　早く座れ！

これは着ベルに遅れそうになった子への罵声である。

●あーあ、何やってんだよ……

これは着ベルに遅れた子への非難である。

「時間を守る」ことを教えたいだけなのに、結果的に子どもたちの人間関係が壊れるのだとしたら元も子もない。

■教師の説話で指導する

時間指導をする際には、教師の説話が効果的である。私はいつも「映画館に遅れて入ってくる迷惑な人」と題して話をする。

映画館で映画を観るためには料金が発生する。私だって、最初から最後まで映画を堪能したいのである。

そんなとき、上映に遅れた人が大きなポップコーンを抱えて入ってくる。私は、できるだけ気にしないようにするが、どうしても気になって映画に集中できない。その人は暗い場内をまっすぐ私の方へと向かってくる。そしてついには目の前に立ちはだかり、私の前を横切り始める。

こんな話を聞きながら、子どもたちは「御愁傷様」といった顔で私の方を見ている。

確かに映画に遅れたのには、その人なりの理由があるかもしれないが、結果的に人に迷惑をかけているので、これはアウトだ。

このような教師の説話は、子どもたちには効果的である。少なくともご褒美方式よりは絶対よいと断言できる。**子どもたちが時間を守れるようにするには、とにかく守ったことをほめること**に尽きる。

●間に合った人、合格です。時間を守れるようになってきたね。

こんなちょっとしたほめ言葉を、毎日丁寧に継続していく。そして定着するまで粘り強くほめていくのである。

■授業延長は御法度

また昨今では、授業間の休憩時間が5分間しかないという、タイトな日課を設定している学校が増えている。このような学校の場合、授業を延長することなく終え、即座に次の授業の準備をさせた後に休憩させる必要がある。次の授業が移動教室だった場合には、おそらく間に合わないだろうと判断し、チャイムから2分後に授業開始というような柔軟な運用があってもいい。

いずれにしても、時間を守るということは、社会に出れば信用問題なのである。しっかりと指導し、早めに定着させておきたいものである。

④人から見られている

■見られていることを意識させる

「自分らしさ」を大切にするのは大いに結構である。「自分らしさ」とは「自然体でいられること」である。自分を偽って生きていくより、ありのままで生きていくことができればそれに越したことはない。できれば私もそうしたいものである。

ところが社会生活を送っていると、「自分らしく」生きることは結構難しいことであると気づかされる。

特に、教師という仕事は公の仕事であるから、「自分らしさ」と称して好き勝手な振る舞いをすることは許されない。

例えば服装。当たり前だが普段着のまま教壇に立つことはできない。教師らしい見た目も大切なのである。髪型は「金髪モヒカン」では、子どもたちに校則を守ってくださいとは言いづらい。それ以外にもいろいろとありそうだが、言えるのは教師にふさわしい態度、振る舞いが求められるということである。そこに「自分らしさ」を表現したいのであれば、他人から見て不愉快にならない程度に収めておくのがマナーであろう。

ここで強調したいのは「人からどう見られているのか」という部分である。自分では問題ないと思っていても、他人から見ればアウトなことは結構ある。「自分らしさ」が通用しないのである。

■授業中に気になる子どもの様子

以前、私の主宰するサークルのメンバーで「授業中に気になる子どもの様子」と題して課題を書き出したことがある（ちなみに私の学校では教科担任制を導入しているため、学級担任が他学級で授業をしている）。書き出したものを検討し、指導すべきこととスルーすべきことに分類したのだが、今回は指導すべき点として挙げられたものについて、書き出してみよう。

●頬杖をついている
●足を横に投げ出している
●机に伏せている
●寝ている

これらは、授業中の子どもの態度についての指摘である。授業をしている教師に対するリスペクトが感じられない、見た目にもよくない態度である。

このような不遜な態度が許されている教室では、おそらく緊張感のない空気の中で、停滞した授業が行われていると予想できる。さらには、そもそも何のために授業に参加しているのか、という目的意識すら指導されていない可能性がある。考えようによっては子どもの方が可哀想なのかもしれない。

教師は、授業中の態度についてきっぱりと指導すべきである。

●あの子は疲れているから。

などと変に気を使う必要もない。教室は公の場なのである。

教師から見てこれらの態度がいかに不遜であるか教えた後に、子どもたちに、どのような姿が望ましいのかを考えさせていく。

●あなたが先生だったらどのような態度で授業に参加して欲しいですか。

と問うてみてもよいだろう。いずれにしても、こういった態度を容認すると、それがスタンダードになってしまい、いざ立て直そうと思っても難しいという状況になりかねない。鉄は熱いうちに打たないといけないのである。

■公の意識を指導しない学校現場

最近、学級づくりについて、あちらこちらでお話しさせていただく機会が多くなってきているのだが、そこでは必ず最初に「学校が公の場」であることを話すことにしている。反響も大きく、講座が終わってからも「目から鱗でした」とか「これまで子どもに気を使いすぎて大切なことを忘れていたような気がします」といった感想をいただく。

特に反響が大きいのは中学校の先生からのもので、どうやら、思春期の中学生に正論を指導することは難しいのではないかと、教師の方が先回りして考え、指導を躊躇することもあるそうだ。

ここにも、現代の教育現場の課題が浮き彫りになっている。

今の教師たちは、自分の指導から起こりうる様々なマイナスな状況を想像し、子どもから反発されないかとか、保護者からクレームが来ないかなど、不必要に考えすぎているのである。

その結果、指導を恐れ、子どもに任せてしまえばよいという安易な方向に流されてしまっているのではないだろうか。

子どもに任せるというのは、リスク管理ではなく、あくまでも子どもの自立のためなのである。

「考え続ける」教室の風景　その３

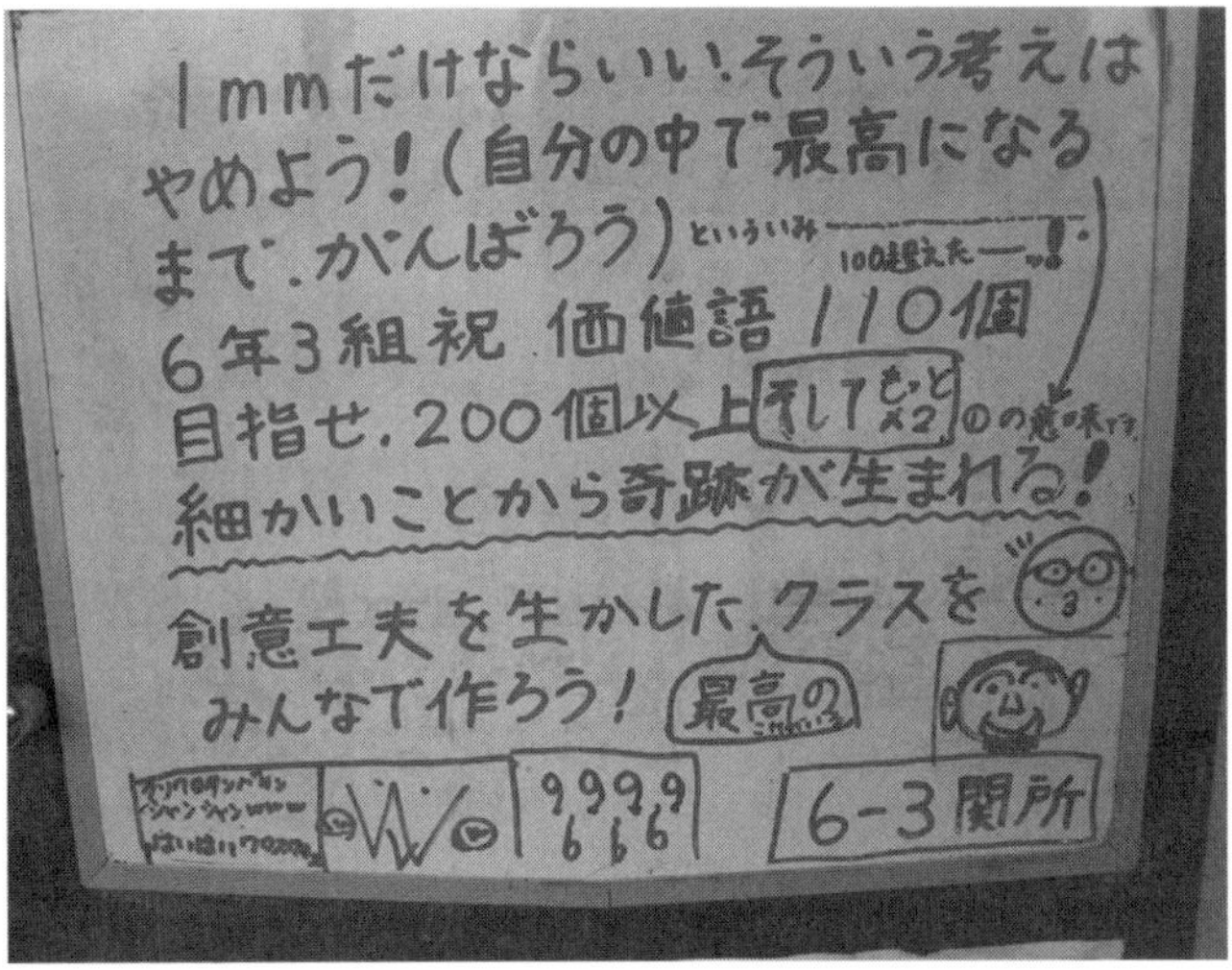

●日直は帰りの会が終わると、翌日登校する友達へのメッセージを書いて帰ります。「自分たちの学級は自分たちで創る」のです。

3 当たり前を指導する

①人間関係を学ぶ

■人と人との繋がりが何よりも大切

個別最適化の行く末を案じている。タブレット端末を活用した個別最適化が進むと、最終的に子ども一人一人がタブレット端末に向かい、ＡＩが提示した課題に取り組むことになるだろう。究極的には子どもはイヤホンをして黙々とＡＩと対話しながら個別の課題に取り組んでいる様子が目に浮かぶ。これが理想の学習の姿なのだろうか。

こんなことを私が案じても仕方のないことなのかもしれないが、学校ではもっと人と人が交流する中でよいこともそうでないことも学んでいく必要があるのではないか。

人の抱える悩みの9割は人間関係の問題だという。これは決して子どもだけの問題ではなく、大人も同様である。

教師の世界でも、教職に憧れ、夢をもってこの世界に飛び込んできたものの、子どもたちや保護者、あるいは同僚である教師たちとの人間関係がうまくいかず、それが原因で離職に追い込まれるケースがある。逆に授業が下手だから教師をやめようという人にはほとんど出会ったことがない。やはり問題なのは人と人との関わりなのである。子どもたちは教室を選ぶことができない。これは教師も同様で、教師は子どもを選ぶことはできない。すべては偶然なのである。こうして偶然出会った者たち同士で、1年間をなんとか乗り切るしかないのだ。これが教室なのである。単にテストの点を上げたいのであれば、わざわざ学校に来る必要がない。今の時代、家庭で学習を進めることは可能である。

ではなぜわざわざ学校へ来るのか。それは人間関係の調整を学びにきているからに他ならない。教室ではさまざまな子どもたちが学習している。心の強い子もいれば弱い子もいる。腕力の強い子もいれば弱い子もいる。意見が合うこともあるし、合わないこともある。というか、むしろ意見が合うことの方が珍しく、意見が合わないことの方が多いだろう。

そんなとき、相手とどう付き合うか。これは人としてもっとも大切なスキルと言えるのかもしれない。

なぜならこの問題は、人生が続く限り、一生付きまとう問題でもあるからだ。

教室で出会う偶然の人間関係。この人間関係を学びの場にするのか、それとも無策のままに人間関係を悪化させて学級を崩壊に導くのか。ここで教師の技量が試されているのである。

②長所接近法

■友達のよいところを探す

4月。「前年度の学級がどういった状況であったか」に関わらず、子どもたちは新しいスタートを切ろうと考えている。

子どもたちの人間関係はまだ悪化していない。もちろんよくもなってはいないが。

このある意味「何もできあがっていない」ときに指導したいのが「長所接近法」である。

「長所接近法」とは文字通り、友達の長所に近づいていくという意味である。簡単に言えば「よいところを見つける」ことである。

「長所接近法」の反語は「短所接近法」である。友達の欠点やよくないところを見つけ指摘するような態度のことをいう。

子どもたちの中には、友達の欠点ばかり探しているような子がいる。友達の失敗を指摘したり、欠点を突いたりするような態度は、トラブルの元となるし、何より友達から嫌われる。

どうしてそうなるのか。答えは明白である。

こうした「短所接近法」の子どもは、総じて「自己肯定感」が低い。要するに自分に自信をもつことができていないのである。これは生来の気質も関係していると思うが、後天的にそうなった可能性が高いと考える。

例えば、ちょっとしたことで大人や教師から注意され続けていると、「自己肯定感」は低下する。これが教室内で行われると周囲の子から「あの子はダメな子だ」というレッテルが貼られることになる。そうなると友達からの風当たりも強くなり、ますます自分に自信がもてなくなるという悪循環に陥る。そういった子をたくさん見てきた。

■自己肯定感が低い子ども

「自己肯定感」の低い子どもは、周囲の友達は自分より優れて見えるに違いない。こうなると友達のよいところを見つけるどころか、悪いところを見つけて、自分と同じレベルまで貶めようとする心理が働く。そのため、前述のような相手を否定するような言動を見せるようになり、悪循環に陥ることになるのである。

この負のサイクルを断ち切るためには、教師がまず変わらなければならない。子どもの欠点や失敗、間違いを指摘し、注意を繰り返す教師は、「自己肯定感」の低い子どもを育てているのだと認識をしなくてはならない。「よかれ」と思ってやっていることが子どもをダメにしているのである。

■まず教師がすること

では、どう変えるのか。教師はまず、子どものよいところを見つけられるようにならなくてはいけない。もちろん人間だから悪いところも目につくだろう。それは一旦おいておき、子どものよいところを探し、子どもに伝えるのである。

以前「子どもをほめるのは甘やかしだ」と主張していた教師がいたが、甘やかしではない。子どもの「自己肯定感」を上げるために必要なことをしているのである。

子どもの「自己肯定感」が上がれば、子ども自身にも変化が見られるようになる。友達のことを悪く言う必要がなくなり、よいところも見えるようになってくる。こうなれば学級はよい方へと変わっていく。

③教師と子どもの縦糸を紡ぐ

■信頼に値する教師になる

学級開き当初、教室の人間関係は不安定だと考えよう。特に担任が変わった場合は顕著である。子どもたちは新しい学級をスタートするにあたり、担任がどのような人物なのか気にしている。一般的に「やさしいか」「こわいか」で一括りにされることもあるが、実際には「学級をまとめてくれる信頼できる人物かどうか」が気になっているのである。

では、教師は何をすべきか。まずは、子どもたちとの人間関係を良好なものにする必要がある。このとき「楽しいスタートを切ろう」と歌やゲームで気を引こうとする教師がいるが、正直おすすめできない。表面的な楽しさが後々の学級経営を難しくするのである。

●教師と子どもの縦糸を紡ぐ。

という言葉がある。教師と子どもが糸のように繋がっているとき、その糸は強固なものでありたい。「この先生は頼りない」「この先生は信用できない」と思われたらアウトだと肝に銘じておきたい。

教師と子どもとが骨太な信頼関係で繋がったとき、教師の言葉は子どもにスッと入っていく。逆に言えば教師と子どもとの間に信頼関係が形成されていない場合、いくら教師がよいことを言ったとしても子どもの心には届かないのである。

■子どもを細かくほめる

では、具体的にどのようにして教師は子どもと縦糸を繋いでいけばよいのだろうか。最も大切なことは、初日から子どものよいところを、積極的に細かくほめることである。子どもの表情や行動を細かく見取り、具体的にほめていく。「この先生はこんな細かいところまで見ているのか」と、驚くくらいに細部をほめていくのである。

例えば、姿勢よく学習している子がいたとする。このとき、

●~さん、姿勢がいいですね。

とほめてもよいが、もっと細かくほめる方がよい。私だったらもう少し細かくほめていく。

●~さん、あなたの姿勢はいいですね。背筋がピンと伸びて気持ちがいいですね。あなたの姿勢からは「やる気」が感じられます。みんなも~さんの姿勢を学びましょう!

本人をほめながら、周りの子も巻き込んでいくと、さらに効果的である。

細部にこだわってほめることを繰り返していくと、明らかに子どもたちの態度はよい方に変わってくる。そして、教師に対する見方も肯定的になってくるのである。

●この先生の言うことを聞いていれば間違いない。

●この先生についていこう。

こういった雰囲気が出てくるまで、手を緩めることなくしっかりとほめていく。そして教師と子どもの縦糸が強固に紡がれていくのである。

④子ども同士の横糸を紡ぐ

■コミュニケーションゲーム

教師が子どもをほめることはできたとしても、「子ども同士がほめ合うところまで成長させるのは難しい」という声を聞く。このような学級ではおそらく、子ども同士がどう友達をほめればよいのかをわかっていない可能性が高い。ただし、いきなり「ほめ合いましょう」といっても無理な話である。そもそも恥ずかしがって何も言えない可能性が高い。

そこで、お互いをほめ合う前に、コミュニケーションゲームなどを通して、ハードルを下げておく。

【グループトーク】
●４人１組になる。●好きな食べ物を書く。
●順番に好きな食べ物を発表する。●発表が終わったら拍手で終わる。
【ペアトーク】
●２人１組になる。●好きな色とその理由を書く。
●ジャンケンで順番を決め発表する。●発表が終わったら一つだけ質問する。
●質問に答える。●お礼を言って終わる。

こういったゲームを毎日少しずつ行っていくことはよい練習となる。

子どもたちはこうした経験を通して、友達と話すことに慣れていく。無理のない程度で「対話」の練習をさせておくことで、友達をほめるときの抵抗感を軽減しておくのである。

■ペア学習が実は一番難しい

一般的にグループトークとペアトークでは、先にペアトークに取り組むことが多いと思う。これについて子どもにアンケートをとったことがあるのだが、圧倒的に「ペアトークの方が難しい」という意見が多かった。最も話しやすい人数は４人。１対１の対面での交流は、たしかに大人でもハードルが高い。まずは4人での活動をおすすめしたい。

■最強の子ども同士の認め合い活動

友達同士のほめ合いについては、菊池省三先生の「ほめ言葉のシャワー」が最強の方法だと考えている。「ほめ言葉のシャワー」はその日の主人公（例えば日直）のよいところを、帰りの会などを使って全員でほめる活動である。例えば学級に40人いるとすれば1人の日直を39人が1人ずつほめるのである。

このやり方のよいところは、ほめる側とほめられる側が「リアルで対面している」ことに尽きる。例えば「よいところを紙に書いて渡す」というようなやり方も考えられるが、それだとほめている子の顔を見ることができない。

これが「対面」だと話が全く変わってくる。ほめている子の表情はダイレクトに日直に伝わる。ほめられた子の表情は、ほめた子にもその場で伝わるのである。この時点で、この活動は成立していると言ってもよい。表情を通して、さらには言葉を通して、確かな交流が成立するのである。

また、このやり方は、活動に濃淡がないというのもよいところである。

例えば「今日のいいところ見つけ」といったような活動では、学級の数人が、誰かのよいところを発表して終わることが多い。これだと、「ほめられる子がいつも決まってしまう」などの濃淡が生じてしまう。一部の子が熱心に活動するのでは全く意味がないのである。学級全員の子どもの人間関係をよくしたいのだから、やはり「全員でほめ合う」ということはとても大切な視点なのである。

ところが「やってみたいが時間がない」という声も聞く。確かに39人が話すとして、1人1分も時間をとれば39分かかってしまうだろう。でも実際には30秒話すのも子どもにとってはかなり難しいことである。私の学級では１人20秒を基準としていたので、20秒×39人で計算すると、約13分で終了するのである。

■事実＋価値づけでほめる

ほめるときには次の型を示す。

●事実＋価値づけ

最初の段階では、連絡帳などに書かせておけば、発表の際の抵抗が少ないだろう。

●そうじのときに、すみまで「ぞうきん」でふいていた＋手を抜かない姿勢がすてき。

このような型で書かせておけば、20秒以内で話すことは十分可能である。

この活動の効果は、約3か月ではっきりとわかるようになってくる。ちょうど日直の仕事が2周目を終えたあたりである。考えてみれば、毎日この活動を繰り返すと39回×39人×2周の計算になり、実に3000回以上のほめ言葉に触れることになる。ほめ言葉が学級に溢れ、温かく受容的な雰囲気に変化し、さらには子どもの自己肯定感も上がるのだからやらない手はないだろう。この活動は是非ともおすすめしたいのである。

⑤言葉が人を育てる

■心に響く言葉を教室に

言葉は力をもつ。

とはいえ、ここで書きたいのは言霊といったようなオカルト話ではない。実生活の話である。誰もが苦しく困難な事態に陥ったとき、優しい言葉や励まされる言葉に救われた経験があるだろう。

うちの祖母がこういう言葉をよく聞かせてくれた。

●「山より大きい獅子はこない」

この言葉で私は何度か困難を切り抜けた経験がある。例えば受験前日。明日きちんと実力が発揮できるだろうかと不安になったとき、この言葉を思い出したものである。「山より大きい獅子はこない」とは、私の中で「最悪なことは起きない」と価値づけされ、人生においての教訓となり、困難を乗り切る切り札となった。このような心に響く言葉が教室にどれくらい浸透しているか。これによって学級の質が変わると言っても過言ではない。

■語彙力の重要性

語彙力がある人とない人では実生活においてどのような差が生まれるのだろうか。

語彙力とは「言葉を知り使う力」を意味するが、そもそも言葉を知らなければ使いようがない。語彙力が低い人は、とかくトラブルになりやすい。自分の思いを相手に伝えるときに、出てくる言葉が少ないから誤解を招くことが多いのである。お互いに自分の意見をしっかりと伝え、話し合うことができず、相手を非難する言葉を連発して物別れに終わるというのは、語彙力の低い子どもたちにもよく見られる現象である。言葉を使いこなすという意味では、学校生活においてふさわしい言葉の使い方についても指導しておきたい。例えば「公の場」である授業場面において、不適切な言葉遣いを放置するようなことはあってはならないだろう。

⑥公にふさわしい言葉遣い

■「ですます調」で話す

学校が「公の場」であることを考えると、当然学校内で使う言葉も公にふさわしいものでなくてはいけない。基本的に学校内で子どもが使う言葉は「敬体」とする。もちろんこれを休憩時間にまで適用するのは、やりすぎであるから、授業中に限定するのがいいだろう。

授業中は「ですます調」で話すよう指導する。これくらいは簡単だと思われるかもしれないが、いざ教室で指導してみると案外難しいものである。

例えば理科の授業で次のように発問したとする。

●植物の葉に日光が当たると何ができますか。

これに対する子どもの解答を、列指名で言わせたとする。

●「でんぷんです」

●「でんぷん……」

この時「でんぷん」と答えた子に「でんぷんです」と言わせ切ることができるかどうか。これができない教師が多いのである。たった一人と思うこと勿れ。この一人が承認されたことによる影響は大きい。子どもはこう考える。「でんぷんって答えてもいいのだな」と。そして、次に誰かが別の場面で、例えば「地層」と答えたとする。このときに教師が

「地層です。と言いましょう」などとやってしまったら最後、子どもは「え？　この前はよかったのに」となり、教師への信頼が薄らいでしまう。

まだ落とし穴はある。授業中のグループ学習のとき、子どもたちの言葉遣いはどうなっているだろうか。一斉指導の場面では、きちんと敬体で話すことができているのに、少人数の話し合いになった途端に言葉が乱れ、休憩時間と変わらない言葉遣いになっているということはないだろうか。

細かいことだが、こういった末節まで気を配って指導するのが教師の仕事なのである。

⑦子どもを成長に導く価値語

■子どもを成長させる言葉

「でも」「だって」「どうせ」に代表されるようなマイナス思考に陥らないためにも、教室にはたくさんのプラス思考を促す言葉を溢れさせたいと思う。

人の行動は言葉によって左右される。マイナスな言葉を聞いたり使ったりしているうちに、負の思考に支配されてしまい、次第に悪い行動へと導かれてしまう。

逆にプラスの言葉を大切にしている人は、思考が前向きになり、よい行動を取ることができるようになってくる。

では、教室にプラスの言葉を溢れさせるためにはどうすればよいのだろうか。

まず、教師は、プラスの言葉を子どもたちに示したい。教師の投げかける「いいね」「素晴らしい」「最高ですね」といったほめ言葉が、子どもたちにとっての格好のモデルとなるのである。

次に、プラスの価値観を提示していく。

「価値観＋力」で言葉をつくり、例えば「ポジティブ力」のような形で示すと子どもたちにとってわかりやすい。これを応用すれば「笑顔力」や「コツコツ力」など様々なプラスの価値観を増やすことができる。

最初は簡単なほめ言葉から始め、徐々にプラスの価値観を育てる言葉へと進化させていくイメージである。

こうした子どもたちを成長に導く言葉を、菊池省三先生は「価値語」と名付けて指導している。

この「価値語」指導は効果絶大である。教師が与えてもよいし、子どもに考えさせてもいい。様々な価値語を教室内に増やすことで、子どもたちの価値観が多様化し、子どもたちは価値語を拠り所として、自分たちの成長に生かしていくようになるのである。

・**価値語については、代表的な価値語の100例を取り上げている『価値語100ハンドブック』菊池省三、本間正人他著（中村堂）が読みやすくておすすめである。**

⑧価値語の指導例

■流れてきた桃をつかむ力

桃太郎のお話は、子どもたちもよく知っている。このお話を少し変えてみるとこんなお話になる。

●お爺さんは山へ芝刈りに行き、お婆さんは川へ行きました。

●お婆さんの前に桃が流れてきました。

●お婆さんはそれに気づかずスルーしてしまいました。
●桃は川を下り、海へと流れ出ました。
●桃は鬼ヶ島に流れ着きました。
●桃から生まれた桃太郎は最強の鬼として育っていきました。

お婆さんは「流れてきた桃」というチャンスをつかんだのである。
こんな話を、６年生にするとよい。
例えば、最初の委員会活動の日の朝に次のような話をする。

●今日の委員会では、各委員会において委員長、副委員長、書記を決めますね。これは皆さんがリーダーとして成長するチャンスでしょう。そういえば「もう一つの桃太郎」というお話を知っていますか…

などと言いながら、さきほどのお話をするのである。
実際に委員長になれるかどうかは別として、チャンスを生かそうと立候補する子がたくさん出てくることが、成長へと繋がるのである。

■一点突破力

あるとき、学級会で次のような議題がもち上がった。

●学級の弱点を克服しよう。

子どもたちは、成長をさらに加速させるために、一度弱点を洗い出し、克服に向けて取り組もうと考えていた。ところが、いざ弱点を洗い出してみると思いのほか、たくさんの課題が見つかった。彼らは弱点の数々をテーマごとに分類し、課題克服のための方向性を出そうとしたのだが、直したいところがたくさん出てきて処理に困っていた。

そして話し合いはこう着状態になり、ついに私に助け舟を求めてきた。

●一度に大量の弱点を克服するなどできるはずもありませんね。例え減らして五つくらいに絞ってもきっと難しいですよね。

●こういうときは思い切って一つに絞ります。これを「一点突破」といいます。騙されたと思ってやってみてください。一つに絞りましょう。

このとき、子どもたちが絞り込んだのは「読む」であった。「読む」にはいろいろな意味があるという。「本を読む」「心を読む」「先を読む」など、最後には国語辞典を持ち出して「読む」ことの大切さについて考えたのである。

これ以降、学級では「困ったときは一点突破」が合言葉になったのである。

■ブレイクスルー

数ある価値語の中でも「自分を成長させた価値語」としてダントツの支持率を誇るのが「ブレイクスルー」である。もともとこの言葉は、スティーブ・ジョブズが歴史的なスマートフォンを始めて発表した際に使ったワードである。

教室では、実際にそのときの発表会の映像を用いながら授業し、「ブレイクスルーとはどういう意味か」と考えさせることから始める。

そして、この言葉が「殻を破る」ということを意味すると理解させた上で、子どもたちに、

●あなたがこの1年間で破りたい殻は何か

と問い、目標を設定させるのである。

例えば、6年生だと、卒業式の際に、大勢の参加者の前で呼名を受けて返事をする問場面がある。これなど、恥ずかしがりやの子どもにとっては大きな壁であり、破り甲斐のある殻でもある。

日常の活動から、少しずつ人前でしゃべることに取り組み、徐々に自信をつけて、最終的に体育館に響き渡る声で返事をして巣立っていく子どもたちの姿は美しい。

子どもたちにはそれぞれの乗り越えるべき壁がある。それに怯むことなく、正々堂々と努力し、取り組み、克服していく様子を教師は見取り、ほめて励ますことで、子どもは大きく成長していくのである。

「考え続ける」教室の風景　その４

●夏を過ぎると、子どもたちの成長が加速してきます。自分で考え、行動することの楽しさに気づいた子どもたちは、授業もやらせてほしいと申し出てきます。写真の授業では、私は一言もしゃべることなく子どもたちだけで授業を成立させていました。

4 授業における指導の基本

①教師の指導と子どもの活動

■コロナ禍の影響

コロナ禍の影響で、子どもたちの活動が大きく制限されてきたのは記憶に新しい。運動会や学習発表会のような大きな行事だけでなく、日常生活にもその影響は及び、例えば給食中に会話することは禁止されるなどした。

また、対面での活動が制限されたことから、学習は個別で行うことが多くなり、それまでの活発な意見交流が見られなくなった。人前で発表する機会も減少し、それまで当たり前だった教室の風景は一変したのである。

コロナ禍においては、修学旅行などの学校行事が中止、延期されるというニュースが多く取り上げられたが、現場において最も影響を受けたのは、行事よりも、授業そのものである。例えば音楽では、リコーダーや鍵盤ハーモニカといった楽器が使用不可となっただけでなく、合唱などの歌唱指導もできなくなった。理科では、対面での実験観察が不可となったことから、教師の演示実験が延々と続いたのである。実体験を伴う授業がほとんど不可となったことは、子どもたちにとって貴重な体験の場を失ったことを意味する。

教室の授業では、タブレット端末を使用した調べ学習が中心となった。それまで活発に行われてきた対話や話し合いの活動が制限され、端末内のソフトを利用した交流が図られることとなった。ここでも実体験を失った影響は計り知れない。

■コロナ後の今

コロナ禍が明けた今、私たち教師に求められることは、もう一度原点に立ち返ることである。

かつて当たり前であったことを、いま一度当たり前に行っていくのである。

失った2年間を空白にするのではなく、何を失ったか冷静に判断し、それらを取り返すために指導内容を精査し、恐れずに指導していきたいものである。

②書く力

■書く力を伸ばすには慣れることから

子どもから「書くことが苦手だ」という話をよく聞くが、実際には苦手なのではなく、単に書き慣れていないだけだったりする。

経験上、4月の段階でノートに何も書くことができなかった子が、1年後にはノートを文字で埋めることができるようになった事例は数えきれない。

書き方を教え、たくさん書かせることによって、苦手意識はかなり払拭できるはずである。

さらに、書いたものに対する教師の評価も大切になる。

肯定的に評価することで子どもたちの意欲が高まってくるが、文や表記の間違いを指摘し、訂正させるような評価に重点を置きすぎると、子どもの書く意欲が低下し、作文嫌いになってしまう恐れもある。

たくさん書かせて、よいところをほめることが、子どもの書く力を向上させるのである。

■視写を基本とする

子どもたちに書き慣れさせるためには、数多く書かせる必要がある。このとき有効なのが「視写」である。「視写」とは「書き写す」という意味で、「もとの文をそっくりそのまま書き写させる」活動のことを言う。

かつて国語の授業において「全文視写」という取り組みがあった。これは教科書の説明文など、本文を丸ごとノートに視写させるものであったが、これは子どもたちに大不評だった。大量の文をすべて視写するのは大変な苦痛だったに違いない。

ここでいう「視写」は「全文視写」に準えていうなら「部分視写」と言えばよいだろうか。例えば、教科書の学習課題を視写させると、次のようなものになる。

例　理科　４年　電流のはたらき

●「直列」つなぎと「へい列」つなぎで、モーターの回る速さがちがうのは、なぜだろうか。

平仮名表記、漢字表記については原文ママとし、そっくりそのまま写させる。

そして、授業が終わる段階では「まとめ」の部分も教科書をそのまま視写させる。例えば、この授業では、教科書に二つの「まとめ」が書いてあるので、そのまま写させる。

●かん電池の向きを変えると、回路に流れる電流の向きが変わります。

●モーターの回る向きは、回路に流れる電流の向きによって変わります。

この授業では、45分間に合計3回の視写を行うことになる。

取り組み始めの段階では、書くのに時間がかかるが、慣れてくると驚くほどスピードアップしてくる。「2分で書きます」と時間を指定して書かせるのも、子どもたちが燃えるので効果的である。学習課題やまとめの視写では、重要語句を空欄にして埋めさせる活動もおすすめである。

■短文連打の法則

文を書かせる際には、短文で書かせる。長々と続く文は冗長であり、とても読みにくいものである。

そこで子どもたちには、短い文をたくさん書くように指導する。効果的なのは「箇条書き」である。私の学級では、特別の理由がない限り、意見は「箇条書き」で書くよう統一している。

書かせる際の指示は「〜についてズバリ箇条書きで書きましょう」を定型にしておくとよい。「ズバリ」という言葉によって子どもたちに「短く書く」ことを意識づけするのである。

また数多く書かせるために「句点（。のこと）を稼ごう」と呼びかけるのも効果がある。子どもたちは喜んで句点の数を数える。句点の数だけ文を書いたという体験は、子どもたちの自信に繋がる。

■理由を伴う意見は結論先行型で書かせる

問いによっては意見に理由を求めるものがある。例えば次のような問いである。

例　国語科　6年　海のいのち

●太一が無理やり与吉じいさの弟子になったのはどうしてか。

このような発問では、問いを示した後に、「ノートに結論先行型で意見を書きましょう」と指示する。結論先行型で書くときの型も示しておくとよい。

●結論　太一は師となる人を探していたのであろう。
●理由①　太一は、本来師となるはずだった父がいなかった。
　　②　太一は、海での生き方を教えてくれる人を求めていた。

結論は短く、ズバリと書くよう指示する。そして、理由を箇条書きで書くよう指示する。

こうしておくと、発表のときもとてもやりやすく、次のような話型で話せるようになる。

●私は～だと考えます。
●理由は二つあります。
●一つ目は～
●二つ目は～

このように、箇条書きや結論先行型といった型で書かせることのメリットは大きい。何よりダラダラと書かないことで、子どもたちの思考が整理されるのがよいところだと思う。

■図を書かせる

授業においてよく使う図に「表」がある。表を使うことで思考が整理され、格段に学習しやすくなるのである。

理科では、実験結果をグループごとに報告し合う際に表が効果を発揮する。

授業のデジタル化の影響で、教師が表を配布しデジタルノート上に記入させることが多いが、与えるばかりの指導では、いつまで経っても子ども自身が表を作れるようにはならない。

ノートに表を書かせる活動は、時間のかかる面倒な作業のように思えるが、実際に書かせることのメリットは大きい。

最初のうちは、教師から表の型を教える。型を示すときは、例えば「3列4行」のように端的に示す。これも「2分で書きます」のように時間を指定すると、子どもたちは素早く書けるようになる。

慣れてくると、先に表題を示しておいて、「何列、何行の表が適当ですか」と考えさせるとよい。

■4コマ漫画

最初は思いつきでやらせてみた活動が「4コマ漫画」である。学習のまとめの際、いつも文で書かせるのも芸がないと思い、例えば次のように指示してみたところ、思いのほか、子どもたちに好評だったのである。

例　理科　6年　大地の変化
●水のはたらきでできる地層のでき方を4コマ漫画に表しましょう。

子どもたちは、化石に吹き出しを入れるなどして、大いに活動を楽しんだ。そして味をしめた私は、その他の授業でも4コマ漫画を取り入れてみた。

例　学級活動　5年　野外活動に向けて
●理想の野外炊飯を4コマ漫画に表しましょう。

これを野外活動の生活班の中でシェアさせることで、目的意識が共有され、より協力して活動に臨もうという意識が高まったのである。
ただし、この活動は連発すると子どもが飽きてしまうので、注意が必要である。

③話す力

■少しずつ文を増やす

1単位時間の授業の中で、子ども全員が話す場面を設定できているか。

これは一つの指標になると考えている。

大切なのは「全員」である。

こう書くと「それは不可能だ」という意見が出てきそうだが、全く不可能ではない。

もちろん子どもたち一人一人が、人前でまとまった話をすること、できることが望ましいが、入門期においては、もっと取り組みやすいやり方で話す機会をつくればよい。

例えばノートに好きな食べ物を書かせる。

これを学習班の中で順番に発表していく。おそらく活動に要する時間は1分程度だろう。

最初はこの程度でよいのである。子どもたちが抵抗感をもたないように、思い切りハードルを下げておくのである。

慣れてきたら、文を二つに増やす。

先の例だと、好きな食べ物に理由を付け加えさせる。これもノートに書かせると発表しやすくなる。

●私の好きな食べ物はアイスクリームです。その理由は冷たくて美味しいからです。

差し当たっての目標は三つの文で話すこととしたい。言いたいことを三つに分けて話すことができるようになると、飛躍的に話す力が伸びてくる。

先の例であれば、次の三つを指定するとよいだろう。

1　好きな食べ物
2　その理由
3　みんなへのアピール

●私の好きな食べ物はアイスクリームです。その理由は冷たくて美味しいからです。

みんなもアイスクリームを食べて暑い夏を乗り切りましょう。

これくらい話せるようになると、教室の発表が飛躍的に活性化してくる。

■簡潔に話すための話型

3文指導の例からもわかるように、人前で話すときには、できるだけ簡潔に話すことで言いたいことが相手に伝わりやすくなる。

そのためには一文をできるだけ短く話すように指導する。

そのときに有効な話型を2種類紹介する。

●今から（　　）つ話します。
一つ目は…

二つ目は…

三つ目は…


話す前に、数をあらかじめ宣言することで、格段に話しやすくなるとともに、聞き手にも話の全体量が把握できるので、聞きやすくなるというメリットがある。

■全員に力をつける

さらに、忘れてはいけないのは「全員」というキーワードである。

私の学級では「全員が３文で話せるようになりましょう」ときっぱりと宣言することにしている。「話すのが苦手だから話さなくてよい」というネガティブな思考を断ち切るのも教師の仕事である。

「話す力の弱い教室」に共通しているのは、授業が「挙手発表」で進められていることである。

教師が問いを出すと、学級内の数人が挙手をする。そして挙手した子だけが指名され、授業が進んでいくのである。

一見すると授業がスムーズに進行しているように見えるが、活性化しているのは一部の子だけで、多くの子が黙ったままとなっている。

これだといくら授業をしても、子ども全員に話す力はつかないのである。よって私はこういった授業を極力避けるようにしている。そこで１時間に１回は取り入れたいのが、学習班などの「小グループ内での発表」である。話すことに慣れさせるのがねらいである。

また、全体の場で発表させるときは次の「列指名」という方法をよく使う。

●全員起立。１列が順番に発表します。
●同じ意見の人は座りましょう。
●立っている人、順番に発表しましょう。

列指名の原則は「いつも同じ列を指名しない」ということである。

縦の列や横の列など、多様な指名をすることで、全体の場で話すことに慣れさせていくのである。

④「聞く力」から「聴く力」へ

■聞いているようで聞いていない

授業中の子どもたちは、教師の話や友達の話を本当に聞き取っているだろうか。聞いているように見えて、実は聞いていないということはないだろうか。

ある学級では、一つの意見が出ると「わかりました」と言わせている。これは自然発生的に出ている言葉ではなく、ルールとして言わせているのである。

こういうとき、私は「本当にわかったのか」と疑問に思う。本当はわかっていないのに、単なるルーティンとして「わかりました」と声に出しているだけではないのかと疑うのである。

実際「わかりました」と言った子に「わかったことを言ってごらん」と投げかけてみると、多くの子が答えられない。

「わかりました」の言葉は、発表者に対して、思いやりのある言葉ではあるが、実際には、聞き取れていないというのが実情ではないだろうか。

では、聞き取る力をつけるにはどうすればよいのだろうか。

■復唱法

まずはじめに取り組みたいのが「復唱」である。相手の言った言葉をそのまま復唱するのは実のところ難しい。以前、愛知教育大学の志水廣先生の「算数科における復唱法」という、「教師が子どもの考えを復唱することによって授業を深める」実践に取り組んだのだが、これがやってみると、かなり難しいのである。教師でも子どもの意見を聞き取れていないことがあるのだから、子どもはもっと聞けていないという前提で取り組みを進めた方がよいだろう。「復唱」はごく簡単なことから始めるとよい。

- ●先生のいうことを復唱します。
- ●月は（月は）
- ●日によって（日によって）
- ●形が変わって見えます（形が変わって見えます）

●つなげますよ。
●月は日によって形が変わって見えます。
（月は日によって形が変わって見えます）

最初は短く、そして徐々にセンテンスを長くして「復唱」させていくのがコツである。これを全員でやってもよいし、一人一人に言わせてもよいだろう。慣れてくれば3文程度は「復唱」できるようになってくる。

授業に取り入れる際には、小刻みに「復唱」させる場面を入れると効果的である。学習課題やまとめを「復唱」させる場面はよくあるのだが、授業の途中でも取り入れていくとよい。教師の言葉を「復唱」させてもよいし、子どもの発言を復唱させてもよい。「習うより、慣れろ」の精神が大切なのである。

■聞き取り指導は楽しく

「復唱」の指導と並行して、「話の大切なところを聞き取る」ことにも取り組んでいく。復唱は聞き取るというより、まずは聞く習慣をつけることに重点をおいた指導である。聞き取る力をつけるためには、違ったアプローチが必要になってくる。

例えば「聞き取りゲーム」のような取り組みがある。「聞き取りテスト」をちょっと楽しくしたものだが、やってみると効果が高い。

やり方を説明する。

教師が一つのまとまった話をし、その話に関連する問題を出す。このとき、教師の話はできるだけ簡単な話から、徐々にレベルアップさせていく。最初は「今朝、先生が学校に来るまでのお話」のような形で話し、いくつか問題を出す。

●先生は何に乗って学校に来ましたか（車）
●運転中に見かけたおじさんは何の動物を連れていましたか（ダックスフント）
●先生が学校に来て最初にあいさつをしたのは何年生でしたか（1年生）

こんな感じで進める。

毎日やると大変なので、週1くらいで恒例化しておくと、子どもたちも慣れてくる。

いつも教師の話をするのは無理があるから、教科書の一部を読んで問題を出してもよいだろう。また、慣れてくれば「今日は難しいですよ」と言って、新聞記事の一部を問題として取り上げても面白い。聞き取る楽しさを感じた子どもたちは「もっと難しい問題を出してほしい」と申し出てくるに違いない。

■授業中の細かな確認作業

授業中においては、子どもたちが聞き取れたかどうかを常に確認する癖をつけておきたい。

●先生が今言ったことが言える人？

●先生は大切なことを二つ言いました。二つノートに書きましょう。

●今、～さんが発表したことを復唱できる人？

このような形で、授業の中にさりげなく確認できるようにしておくとよいだろう。

聞きとる力と同時につけたいのが「聴く力」である。「聴く力」とは「傾聴力」のことで、相手の話を「受容的に聴く力」を意味する。

傾聴では相手の話に対して口をはさんだり、否定したりすることなく、最後まで話を聞く態度を大切にする。

ここでは、あいづち、うなずき、相手の話によっては真剣な表情、あるいは明るい表情など非言語の部分を意識させる。

お互いが傾聴することができるようになれば、ただ単に、聞く、聞きとるだけでなく、「話を聞き合う」ところまでレベルアップすることができるだろう。

⑤読書する力

■教科書が読めない

読書教育は重要であると考えている。

教師の世界でも読書習慣のない教師がいるが、総じて「ものを知らない」傾向がある。特に仕事と関連する教育書すら読まない教師が増えているのは、大きな問題である。最新の教育事情すら知らずに教壇に立っているのだから、その授業の質たるや想像に難くない。

ところで、子どもの読書傾向はどうだろうか。

学校図書館の利用状況を見ると、読書量の多い子と少ない子の差が大きい。

読書量の少ない、もしくはほとんど読まない子は当然のことながら文を読む力が育っていない。

特に最近「教科書が読めない」子が増えてきているのがとても気になる。確かに、次のような指示を出すと一見読んでいるように感じることがある。

●教科書○ページ。全員起立。自分のスピードで読んだら座りましょう。

しかし、実際には読んでいないのである。ただ教師の指示に従って「読む」という行為を遂行したに過ぎないのである。要するに頭に内容が入っていかないのである。

2009年に内田樹先生の『下流志向』という本が話題になったことを覚えている方もいるだろう。そこで内田先生は「わからないことがあっても気にならない学生」の実態について触れている。

指摘されたのは「無知のままでいることに生きる不安を感じない」人間が増えていると

いう事実である。

あれから約10年以上経過した現在、その傾向は改善されるどころか、むしろ悪化の一途をたどっているのではないだろうか。

■読み聞かせに取り組む

読書教育で大切なことは、まずは読書に対する抵抗感を軽減するということである。もともと読書好きな子は、放っておいても次々と読み進めるものである。問題は読書自体が嫌いな子である。

まず取り組みたいのが「読み聞かせ」である。選書は教師が行い、いろいろなジャンルの本を取り上げるのがよいだろう。おすすめなのは「絵本」である。最初は短いものから入り、徐々に長いものに変化させていくとよい。

私は、最低でも週に1回は自分で読み聞かせをする。物語だけでなく、自然科学ものなど幅広く取り入れる。本格的な絵本だと高価なものが多いので、例えば福音館書店の「こどものとも」「かがくのとも」といった月刊誌だと、比較的安価に揃えることができるだろう。

毎年好評なのが『エルマーのぼうけん』である。これを読み始めると、必ず続きを迫られるくらいの大人気となる。小学生高学年でも普通に楽しめるのでおすすめである。

■読書により新しい学びを得る

新しい知識を得るのに最も適した学習方法は読書である。

本には自分一人では到底体験することのできない情報が詰め込まれている。

物語からは、教訓を得ることができるだろう。そして説明文からは、未知の知識を得ることができる。読書の幅が広がることは、すなわち「学び」が広がることを意味する。

学校において最も身近にある本といえば教科書ということになる。

教科書には、必要かつ十分な有益情報が記載されている。この教科書を楽しく読ませるのが教師の腕の見せ所である。

私の学級では、教科書をフルに活用して授業が行われる。学習の中心は教科書であると教え、教科書に書いてある情報を「隅から隅まで味わい尽くせ」と指導する。

音読はすべての教科書で行う。音読は国語だけで行うわけではない。算数、理科、社会……すべての教科書で音読をさせる。

■赤青鉛筆指導法

また、教科書には遠慮なく「書き込み」をさせる。

学習の足跡を教科書に刻むイメージである。

この書き込み指導は、齋藤孝先生の著書『三色ボールペン情報活用術』をヒントに始めた。

齋藤孝先生の活用術は、次のようなものである。

●赤…一番大事なところ
●青…そこそこ大事なところ
●緑…面白いと思ったところ

始めた当時、私の学校では赤青鉛筆の使用が義務づけられていたため、学級では赤と青の2色を使って書き込ませることにした。

●赤…大事なところ
●青…はてな、調べてみたいところ

これをやらせてみたところ、子どもたちが夢中になって書き込みを始めたのである。

特に効果的だったのは青線の指導である。語句の意味調べは、たいてい国語の時間に行われるが、子どもたちは教科関係なく青線を引いた語句を調べるようになった。

これにより、いわゆる「虫食い」（わからない言葉をそのまま読み飛ばすこと）読みをしなくなった。それにより、教科書を読むことに抵抗がなくなり、進んで読むようになってきたのである。

さて、経験上、最も書き込みが多くなる教科は社会科である。社会科の教科書をよく読むと、想像以上に難解な語句が並んでいる。

今思えば、青線指導をする以前の子どもたちは深く意味を調べないままに、難しい語句を読み飛ばしていたに違いない。実際、読ませてみると読めない漢字も多かった。

青線指導の後は教科書が書き込みで埋まるようになり、社会科に対する理解も深まった。

何より、社会科の教科書を読むことが好きになり、さらには資料集を読むことにも抵抗がなくなった。もちろん資料集にもびっしりと書き込まれるようになった。

さすがに学校図書館で借りてきた本に書き込ませることはできないが、教材として使用する教科書に書き込ませるのは悪くない。

単純に読むだけでなく、書き込ませることで、より能動的に教科書を読めるようになるのである。

⑥情報にアクセスし取り出す力

■国語科「読み」のテストで平均80点？

小学校の国語、市販テストの平均点が80点台と聞いて驚いた。単元によっては平均点が70点台になることもあるという。

国語の市販テストは問題の9割が本文の中から答えを抜き出させる問題である。つまり、「問いに対応する答えがどこに書いてあるか」指摘することができないという危機的状況が見て取れるのである。

これを防ぐには、教師の問いに対し、抜き出すべき文に線を引かせることから始めるとよい。答えとなる文に線を引かせた後に、ノートに書き出させるのである。このとき、本文をそのまま書き出すよう指示を徹底する。

これを「情報へのアクセスと取り出し」というが、もともとはＰＩＳＡの学力調査における発問類型の一つである。

学校においては、教科書の読み取りが中心となるが、学習で使用される資料などもその対象となる。社会科で使用される資料集なども同じように扱う。

さらには、タブレット端末を調べ学習などに使用する場合も同様である。課題について調べ、その解決にふさわしい資料を探す場面もそうである。

資料を探し当てた後は、その中から情報を取り出してまずは書き出させるとよいだろう。

⑦解釈する力

■根拠をもって推論する力

資料や文章を深く理解するには「解釈」する力が必要である。例えば物語文を読んで「筆者の言いたいことは何だろう」と考えることは、読み手の「解釈」に他ならない。

他にも「過去10年間の日本の人口推移」というグラフを読み取り「どうしてこんなに人口が減っているのだろう」と考えることも「解釈」なのである。

「解釈」を指導する際に気をつけたいのは「子どもによって答えが違ってよい」ということである。例えば国語で「ごんぎつね」を読ませた後に作品のテーマについて書かせると実にさまざまな意見が出てくる。

●心がすれ違うのは悲しい。
●暴力はいけない。

●悪いやつだと決めつけてはいけない。

意見はさまざまでよいのだが、必ず根拠を書かせる必要がある。文章や資料のどこからそう考えたのか。テキストに基づく根拠があれば、また妥当であれば、どの意見も正答と考えてよい。

■巷で流行する考察

ところで、巷ではどうやら「解釈」のことを最近では「考察」と呼んでいるようだ。ネットには映画やドラマの考察が溢れている。主に推理系の考察が多いようだが、難解なテーマの映画などでは、さまざまな独自の考察が展開されている。

それらを読んでいると「考察」をしている人たちが実に面白がって取り組んでいることが窺える。これは子どもたちも同様で、解釈を授業に取り入れると、とても喜んで取り組む。基本的に、人はあれやこれやと想像して推論することが好きなのである。

アメリカでは趣味として「作品を読んで考察し合う」ブッククラブが盛んである。何人かで集まって同じ作品について語り合ううちに作品の理解が深まり、より楽しめるのである。

このブッククラブの手法を国語の授業に取り入れ、小グループで作品について語り合う機会を設けたところ、子どもたちは嬉々として語り合っていた。ネットの世界で「考察」が流行するのも納得なのである。

■解釈に有効な問い

ところで、子どもに解釈させるときに有効な問いがある。

それは「なぜ」「どうして」と問うことである。

国語の有名教材だと「ごんぎつね」で「どうしてごんはくりやまつたけを固めておいたのでしょう」というような問いが考えられる。

これなど直接的に答えを抜き出すことはできないので、物語の筋から推論して答える他ない。このような問いをたくさん経験させると、子どもたちは「自分なりの推論」を立てることができるようになってくる。

子どもたちが解釈の楽しさに気づくことができれば、より進んで本を読むようになるだろう。

⑧評価する力

■クリティカルシンキング（批判的思考力）

ネットにはフェイクニュースが溢れている。子どもたちは課題解決の方法としてネットの情報に頼る傾向があるが、そもそもその情報が正しいかどうか判断することが難しい。これからの社会を生き抜いていくためには、嘘の情報を見破るようなスキルが求められている。私自身、情報を疑う習慣があまりない。読んだものを割にそのまま受け取ってしまう傾向にある。これを変えていくには、意図的に「書いてあることを疑ってかかる」必要がある。これをクリティカルシンキング（批判的思考力）という。

■もう一つのごんぎつね

先にも例に出した国語の「ごんぎつね」であれば、ラストシーンではごんが兵十に撃たれて終わる。兵十は栗や松茸を届けてくれたのがごんであることに気づくのだが、時すでに遅し。このラストシーンは新美南吉によって見事に演出されたものであるが、これを無条件に受け取らない姿勢があってもよい。そこで、ごんが撃たれて死んでしまう終わり方に対しクリティカルシンキングをさせてみる。例えば次のように投げかける。

●物語の最後を書き換えて、ごんが死なない終わり方に変えてみよう。

この課題に対して、子どもたちは大変意欲的に取り組んだ。

ごんが撃たれた理由は、物語の最後まで二人の心がすれ違ったことにある。だとすれば、どこかの時点で心の接点があれば、このような悲劇は起きなかったはずだ。子どもたちは、最後のシーンだけでなく、途中から書き換えた方がよいと考えた。そして実際に、途中から大幅に変更を加え始めた。こうしてできあがった新たな作品に、子どもたちは「もう一つのごんぎつね」というタイトルをつけた。「もう一つのごんぎつね」では、最初はすれ違っていた二人の関係が、物語の途中で修復され、お互いに友情を深め合う情景が描かれた。そして、元の作品ではちょい役で登場した加助に降りかかった災難をごんと兵十で解決していくという実にハッピーな物語に変貌したのである。

⑨話し合う力の基本は対話する力

■対話で学びを広げる

授業の根幹に据えたいのは「対話」である。

対話とは「明確な目的をもって少人数で話し合うこと」である。

そもそも一人でできることは少ない。何かを成し遂げようと思えば、そこには他人の協力が必要なのである。

「三人寄れば文殊の知恵」というが、一人では思いつかないアイデアも数人で対話しているうちに思いつくこともある。

スタジオジブリのプロデューサーである鈴木敏夫氏は、決して一人で物事を決めないという。彼の信条は「一人ではよい仕事はできない」である。彼は夕方5時にスタジオジブリから離れ、れんが家と呼ぶ事務所へと移動する。そこへ招かれた客人が集まり、会議が開かれる。

れんが家では、深夜まで対話が続く。あるときはＤＶＤに使用するポスターについて検討し、あるときには映画の主題歌について検討する。そこではさまざまな立場から忌憚のない意見を頂戴し、それらを参考にして最終決定へと進んでいく。スタジオジブリの作品にハズレはないが、作品を世間に届ける手法についても抜かりがない。それはそうだろう。一つの物事の決定に実に多くの知恵が注がれているのだから。

■会話と対話を区別する

授業において「対話」を成立させるためには、前段階として、子ども同士が気軽に話し合うことができるようにしておくとよい。

これを「会話」という。

●今思っていることをお隣さんと話しましょう。

●立ちましょう。三人の人と会話しましょう。会話が終わったら席に戻ります。

こんな軽い「会話」の場面を授業の中にたくさん取り入れるとよい。「会話」の際には

「くだけた口調で話してもよい」ことを伝えておく。あくまでも軽く話させたいのだから、「ですます調」は馴染まない。型にはめると堅苦しくなって「会話」が弾まないのである。

また「会話」の代わりに「雑談」という言葉を使ってもよい。

●〜について3分間雑談しましょう。

このように指示すると、「雑談」という言葉の響きもあってか、子どもたちの「会話」がとても盛り上がる。「会話」の技術は、例えばグループ内でのアイデア出しなどの活動で真価を発揮する。ブレインストーミングなど、柔軟な発想が求められるときには、話し言葉が堅苦しいことが原因で、思うようにアイデアが出なくなることがあるのだ。

こうした授業中の自由な会話は、教室の雰囲気を和ませる効果もあり、子どもたちの発言意欲も高まってくるのである。

次に、対話について踏み込んでみよう。先にも述べたように「対話」とは「目的意識をもって話し合うこと」である。この点において、自由な「会話」とは明確に区別する。

特に、最近教育界で強調されているのは「課題解決型の対話」である。さまざまな学習課題について取り組む際に、友達と「対話」しながらより協働的に解決していこうという考え方である。

■課題解決型の対話成立のための3原則

そこで、課題解決型の対話を成立させるための原則を三つ紹介しよう。

◆原則1　目的意識

何のために対話をするのかが明確でないと話し合いは単なるおしゃべりに終始してしまう。話し合いを充実させるためには、その目的を明確化しておく必要がある。授業で行われる「対話」であれば、次に挙げる二つの型が目的化しやすいだろう。

(1)発表型

最終的に「発表を目的とする対話」である。例えば個人の意見をもち寄り、話し合いで班の意見をまとめるような活動がそれにあたる。慣れてくるとKJ法を使って意見の傾向を分類し、発表することもできるようになる。

「発表型の対話」の目的はおよそ次のような形となる。できるだけ具体的に示し、対話の目的を共有できるようにする。

●「学級目標はどうあるべきか」について班で意見を出し合い最終的に一つにしぼろう

●「お楽しみ会でやりたいこと」について意見を出し合い分類してタイトルをつけよう。

(2) ワーク型

グループで協力して何かを作り上げるといった活動がそれにあたる。一人一人が別の活動をするのではなく、あくまでも集団で何かを作り上げることを目標とする。目標達成のためには「対話を中心としたチームワーク」が求められる。

「ワーク型の対話」の課題は、およそ次のようになる。その時間の最終的な目標を明確にするとよい。

●アイデアを出し合いながら文化祭のポスターを完成させよう。

●アドバイスし合いながら野外活動の夕食を完成させよう。

◆原則2　相手意識

学校で話し合い活動をさせると、とかく声の大きさや話すスピードなどの技術面が強調されることが多い。もちろん話す技術は必要であるが、それよりも大切なのが相手への思いやりである。普段から良好な人間関係を築いておくことはもちろん、人間関係に課題があったとしても、そこは割り切って課題解決のために対話を成立させることができるように指導したい。人は感情に縛られる生き物である。いくら相手の考えが素晴らしい内容だとしても、いくら話す技術が優れていたとしても、相手へのリスペクトがなければそれだけで否定してしまうことがある。こうならないためにも、日頃から「人格と意見を区別する」ことを教えていく必要がある。単なる好き嫌いではなく、しっかりと相手の意見を受容的に受け止め、頭ごなしに否定しないといったルールを設定するのもいい。課題解決型の対話は、あくまでも感情論ではなく、課題解決のために行うことを徹底するのである。

◆原則3　意見＋理由

お互いの意見を出し合いながら対話を進めていく際に、忘れてはならないのが、意見には必ず理由をつけることである。私の学級では「理由のない意見は独り言に等しい」と少々強く指導している。よく日本人は「論理的でない」とか「何を考えているかわからない」という主張を目にするが、この原因は「対話」における型が身についていないのが原因である。例えば、学級会においてお楽しみ会の計画をしていたとする。ある子が「カラオケ大会」を開催したいと主張したとして、一体その理由は何なのだろう。

歌を歌うことが苦手な子がいるのだとすれば、「カラオケ大会」の開催には、みんなが納得できる理由が必要なのは明らかである。意見に理由をつけることは、型として教え、対話の際には必ず取り入れることで、お互いの考えがよくわかり、深い対話へと繋がっていくのである。

⑩議論する力

■議論の目的

議論の目的は「よりよい考えを生み出すこと」である。そのために有効な考え方に弁証法がある。

弁証法とは、ある命題と対立関係にある命題について議論し、その結果として、よりよい命題を導き出すという考え方である。

例えばAという意見があったとする。このときにAと対立するBという意見を設定し、双方のメリット、デメリットについて対話を通して話し合う。その結果として、Cという新しい考え方を生み出すのである。

議論は授業において積極的に取り入れることができる。教科学習や道徳はもちろん、学級会などの学級活動においても議論の機会はたくさんある。

国語科の物語文の指導の際に「主人公の生き方に賛成か反対か」というテーマで議論させてもよい。

学級会では「お楽しみ会のゲームで景品を出すことに賛成か反対か」というテーマなどが考えられる。

■反論は理由に対して行う

議論の際には対話のときと同じように必ず理由を書かせるようにする。そして、理由に対して反論させるようにするのが原則である。このとき「人格と意見を区別する」というルールを徹底する。仲がよいから賛成、仲がよくないから反対という態度では、議論は深まらないからである。

反論の際には必ず次の流れを守るようにする。

1　反対の意思を示す。
～に反対です。
2　相手の意見を否定せず、認める。
確かに賛成意見の～はそうだと思います。
3　反対の理由を説明する。
ですが～という理由により反対します。

この流れを守っている限り、感情論で議論することにはなりにくい。

■議論の二つの型

また授業においては次の二つの議論の型を教えるとよい。

(1)全体議論

教師のリードのもと、集団全体で議論を行う。

事前に賛成派と反対派に分かれて、それぞれ意見を共有しておくと進めやすい。実際の議論の際も、教室を二つに分けておくなどすると議論が盛り上がるだろう。

全体議論のメリットは、教師が議論をコントロールできることにある。議論がずれてきた場合などに、教師のリードで修正しやすいのもよいところである。

デメリットとしては、意見を発表できる人数が限られることである。

(2)グループ議論

小グループを使って議論を行う。グループを編成する際に、賛成派と反対派がなるべく同数になるように組むのがこつである。

グループ議論では、実際の議論を子どもに任せることになるため、事前に全体議論を通して議論のやり方を学ばせておく必要がある。このとき、議論の進め方について事前に印刷し渡しておくのもいいだろう。

グループ議論のメリットは、全員の意見を聞くことができることにある。またじっくりと話し合うことができるため、議論が深まりやすいという特徴もある。

デメリットとしては、子どもに活動を任せてしまうため、教師が議論をコントロールすることができないことである。この点については、教師側が覚悟を決めて子どもに任せる視点をもつ必要がある。

また、グループ議論における司会者は、自分の意見を言うことができないことを押さえておく必要がある。それを踏まえた上で、グループ内で司会者を決めさせるとよいだろう。

■よりよい考えを生み出す

議論を通してお互いの意見について理解が深まったところで、新しいアイデアづくりに取りかかる。国語科の「主人公の生き方に賛成か反対か」の議論の後に、「あなただったらどういった生き方がしたいですか」と問えば、自分なりの新しい考え方が生まれる可能性がある。

お楽しみ会の「ゲームで景品を出すことに賛成か反対か」の議論の後では、華美にならない程度の手作りの景品をプレゼントするというような新しいアイデアも生まれることだろう。

⑪熟議する力

■熟議は論破を必要としない

「熟議」が「議論」と違うのは、賛成派と反対派に分かれて意見をぶつけ合う形を取らないところである。

話し合いを深めるためには多様な意見をベースとするのは大切なことである。しかし、日本においては面と向かって意見をぶつけ合う機会があまりないのが現状である。

例えばディベートでは自分の意見を押し通して、相手を論破しようとするが、これはなかなか日本の風土に合っていないところがある。

世界を相手に勝負していくためには、議論の力は欠かせないが、課題解決に向けて話し合う力をつけるのであれば、意見の対立が起きにくい「熟議」の方が子どもたちにとっても取り組みやすいのは事実である。

■特別活動との相性

学校における「熟議」では学校生活に関する問題点を明らかにし、それらを解決するためにアイデアを出し合うとよい。出し合ったアイデアを共有する中で、個人の行動目標を明らかにしていくのである。

こう考えると、「熟議」は学校行事や学級活動などの特別活動との相性がよい。

では「修学旅行」を例に熟議を構成してみよう。

●テーマ「今年の修学旅行はどうあるべきか」

テーマは「〜はどうあるべきか」という形で定型化しておくとやりやすい。

熟議の話し合いは8名程度の小グループで行う。今回取り上げた「修学旅行」であれば、旅行中の活動班を1グループとすればちょうどよい感じである。

では熟議の流れを説明する。

(1)野外活動を思い出し課題を洗い出す。

多くの学校では5年生時に野外活動、6年生時に修学旅行と、宿泊を伴う学校行事が設定されている。

そこで、1年前の野外活動を想起させ、そこでの課題について、思いつくだけ付箋紙に書き込ませる。そして、グループごとに模造紙を準備し、貼り付けていくとやりやすい。

(2)意見の仲間分けをして見出しをつける。

貼り付けた付箋をジャンルごとに仲間分けさせる。ジャンルの設定は子どもたちに任せてよい。最後にジャンルごとに見出しをつけさせる。例えば「協力面」とか「準備面」などの見出しがつけられるだろう。

(3)改善点のアイデア出しをする。

ジャンルごとに改善点を話し合い模造紙に書き込んでいく。子どもたちの自由な発想でアイデアを出させるとよいだろう。

(4)各グループから報告する。

各グループの代表者がグループでの話し合いの様子を報告する。書いたことをすべて発表するのではなく、特に盛り上がったところや大切にしたいところを中心に報告させる。

(5)各自が行動目標を書く。

各グループからの報告を受けて、各自がテーマに沿って自己の行動目標を書いていく。

修学旅行のしおりなどを作る予定があれば、行動目標を書き込むことのできるスペースを準備しておくとよいだろう。

5 自己調整学習力

①自己調整学習

■自己調整学習

自己調整学習とはおよそ次のことを意味する。

●子どもが自ら進んで持続的に学習していく

これまでも学校教育では「自ら進んで」「主体的に」というキーワードが幾度となく繰

り返されてきた。これらは各学校において「学校教育目標」や「研究主題」に取り入れられ、都度取り上げられてきた。また、最近では「個別最適な学び」（個々の学力や特性に応じた学び）を実現するために必要なスキルとしての自己調整学習も注目を浴びているところである。

■持続的な学習

自己調整学習の中で注目すべきは「持続的に学習する」という部分である。

持続的とは、教師がいなくても子どもの力で学習を進めることができる状態を指す。これを実現させるためには、子ども自身が「学習をどのように進めていくのか」を理解しておく必要がある。そのためのシステムを紹介していくことにしよう。

②学びのサイクル

■学びのサイクルを教える

子どもたちの学びを持続可能なものにするためには「学びのサイクル」を教える必要がある。学びのサイクルには、さまざまな型があるが、私は有田和正先生の「追究の鬼を育てる」教育観に影響を受けているので、これを中心に書いていくことにする。

(1)はてな発見

赤青鉛筆指導法ではてな発見

すべての学習の動機は「はてな」をもつことから始まる。

しかし、子どもたちに急に「はてな」をもて、といっても難しい。やはり普段からの積み重ねが大切なのである。

授業で使う教科書や資料には「はてな」を発見するにふさわしい情報がたくさん掲載さ

れている。まずは、これらの教材から「はてな」を見つける練習をさせるとよい。

私の教室では、１０６ページの⑤読書の項で触れた「赤青鉛筆指導法」によって「はてな」発見力を鍛えている。

この方法は、子どもが教科書を読んで疑問に思ったところに、直接青線を入れるのが特徴である。慣れてくると教科書1ページに何か所も青線を引くことができるようになる。

つまり「はてな」発見力がついてくるのである。

■青線を学習課題に変換する

教科書に青線を引いただけではまだ学習課題となっていない。そこで青線部分を文章化して学習課題にする方法を教える。

例　国語科　４年　ごんぎつね

●ごんは、ぐったりと目をつぶったまま、うなずきました。

これを次のように学習課題に変換させる。

●どうしてごんはうなずいたのか？

青線部分を文章化する際には「なぜ」「どうして」「どのように」を使うと書き直しやすいことも同時に教えるとよいだろう。このように指導することで、子どもたちは青線部分を「はてな」に変換できるようになるのである。

(2)はてな追究

ノートを思考の作戦基地にする

ノートの型は次のように統一する。

●学習課題
●思考の作戦基地
●まとめ
●追究の振り返り

学習課題とまとめについては色鉛筆で囲ませる。学習課題を赤、まとめを青と決めている。

学習課題については、基本的に教師が提示する。子どもに課題をつくらせなくてはいけないと考える向きもあるが、特に年度当初の段階では、教師が手本を見せるという意味でも教師主体で授業を進めてよいと考えている。子どもに学習課題をつくらせるのであれば、それ相応の指導が必要であることはいうまでもない。

まとめについても同様である。年度当初は教師がまとめを提示して視写させる。子どもが慣れてきたら徐々にまとめを任せてみるのもいいだろう。

「思考の作戦基地」として示している部分には、子どもたちが学習課題に対して、調べたことや考えたことを中心に、時には図表なども書き込んでいく。

書き込ませる際には、基本的に箇条書きで書くよう指導している。短く書くことで会話や対話の際に格段に話しやすくなるからである。

また、調べ学習などをしたときにも箇条書きは有効である。

例えば、理科や環境教育で「水力発電」について調べたとする。これをネットで検索すると、長々とした文章がヒットしてくる。

このようなとき、何も指導しないまま調べたことを書かせると、全文をそのまま視写してしまうことになる。難しい言葉が使われていることも多々あり、せっかく調べても意味がわからないということも起きてくる。

●水力発電は、高い所に貯めた水を低い所に落とすことで、その力（位置エネルギー）を利用して水車を廻し、更に水車につながっている発電機を回転させることにより電気を生み出すものです。（九州電力のサイトより引用）

これを箇条書きにさせると、次のように変化する。

●水力発電。
●高い所に貯めた水を低い所に落とす。
●その力を利用して水車を廻す。
●水車と繋がっている発電機を回転させる。
●電気を生み出す。

箇条書きにさせたことでかなりスッキリとわかりやすくなるのである。

(3)追究の振り返り

学習の振り返りは、通常「めあて」に対応させることが多い。「めあて」とは学習課題とは異なり、学級の子どもたちの実態を踏まえて設定されるが、私の場合は「めあて」を通年で統一している。その「めあて」が「追究の鬼になる」である。

よって、学習の振り返りは自動的に「追究の振り返り」となり、子どもは自分の学びが追究の鬼となっていたかを振り返ることになる。ここでは、基本的に子どもたちは自由に自己の学習を振り返るが、どのように振り返ってよいかわからない子のために、いくつかの視点を示すこともある。また、毎時間振り返りの時間をとると授業が圧迫されてしまうので、小単元ごとに実施するなど、適宜様子を見て書かせるようにしている。

振り返りの視点例

- **「はてな」を発見できたか。**
- **調べたことや意見、考えたことなどを箇条書きで書けたか。**

③自学ノート

■自学ノートが機能していない

自学ノートは多くの学校で取り入れられているのだが、うまく機能していないという声もよく聞く。その多くは「子どもたちが何に取り組めばいいかがわからない」というものだ。自分で学習するのだから、何をやってもいいですよ、というのでは子どもたちは混乱するだろう。

そこで提案したいのが、自学ノートを毎日の課題とすることである。

■ここでも赤青鉛筆を活用

子どもたちが教科書に書き込んだ青線はかなりの数にのぼるが、それらをすべて授業で取り上げることは難しい。

そこで授業で言及されなかった「はてな」を自学ノートで解決するよう指導する。

自学ノートは基本的に家庭で行うので、解決に当たっては「調べ学習」が中心となる。調べたことは、いつものように箇条書きで書いておくように指示する。

■自学ノートの型を示す

自学ノートの型は授業と同じフォーマットとする。次のような型である。

●学習課題
●思考の作戦基地
●まとめ
●追究の振り返り

学習課題は、それこそなんでもよい。教科書に記入した青線を「はてな」化し、それについて意見を書くなり、調べるなり、自由に取り組ませると、子どもたちは意欲的に取り組むようになる。

■曜日別教科指定法

かつて自学ノートに取り組んだ際、子どもによって興味関心が偏ってくることが気になった。

あくまでも自学なのだから、何に取り組んでもよいのだが、毎日漢字ばかり書いてくる子や毎日英語ばかり書いてくる子の自学ノートをみると、あまり楽しそうではない。

そこで、次のように教科を指定する方法を思いつき、やらせてみたところ、見事に自学ノートが多様化した。

その方法とは、曜日ごとに教科を指定するやり方である。

月曜　国語
火曜　算数
水曜　社会
木曜　理科
金曜　その他

これは各教科のすべての教科書に赤青指導を施し、常に「はてな」が生じている状態にしておくとより効果の高い取り組みである。

子どもたちはそれぞれの「はてな」をもとに、実にさまざまな追究に取り組む。特に人気なのが金曜日の「その他」で、図工や音楽、時には道徳にまで話が膨らむ。

子どもたちが活動を楽しむことができるようになれば、「やらされる」自学ノートから「自分からやる」自学ノートへと進化していると言えるだろう。

④ノートの点検

自学ノートに限らず、宿題チェックなどで教師の負担が増すのはよいことではない。例えば普段の授業で使うノートを授業の終わりに集めるのは非効率的である。授業の後でノートを見ようとすると、それだけでかなりの時間が奪われてしまう。そして教師は疲弊することになる。

■授業中のノート点検

私は毎時間、必ず授業中にノートを点検することにしている。こう書くと「無理だ」と思う人もいるだろう。しかし、実際には全く無理ではない。学級全員のノート点検に費やす時間は長くて5分間である。40人学級でも5分を超えることはまずない。

次のように進めると、無理なくノート点検を終えることができるだろう。

●ノート点検です。授業のまとめを重点的に見ます。1班、2班…

●合格、合格、おしい、合格…

●合格していない人、持ってきます。

班ごとに持って来させるのは列が長くなるのを防ぐためである。

持って来させる前に重点的に点検する箇所について伝えておくとよい。

例の場合だと「まとめ」を見ると伝えているが、時には「学習課題」だったり、算数では「計算の答え」だったりする。

ノートはサッと見て、すぐにサインする。一人につき1～2秒。ノートに不備がある場合はサインしない。合格しなかった子は、最後にまとめて持ってこさせて合格させる。

ノート点検を待つ間や点検後の子どもたちの動きも統一させておくとよい。このとき、読書などの自習をさせるのではなく、教科書への書き込みをさせるなど、教科の枠を逸脱しないよう自習させる方がよいだろう。

■宿題や自学ノートのチェック

教師になりたての頃、毎日子どもが提出する漢字練習帳、計算練習帳、自学ノートをすべて教師が点検していた。漢字や計算に至ってはすべて採点まで行っていたのだから、休憩時間はほぼこれらの点検作業に追われていたことになる。これらは大切な教師の仕事と思われがちだが、よく考えてみれば、すべてを教師が行う必要はない。

その後、少しずつ宿題チェックの方法を改善し、最終的に次の方法に行き着いた。

教師が教室に到着する前にすること

●漢字練習帳、計算練習帳の◯付けは子ども本人が行う。

●朝の会が始まるまでに、隣の人と宿題、自学ノートを交換し確認し合う。確認は赤鉛筆でサインする。

教師が朝確認すること

●全員起立。サインがある人は座りましょう。

●～さんは、今すぐやりましょう。

これだけである。

これを1か月も続けると宿題をやってこない子は、特段の理由がない限りほぼいなくなる。

ただし、1週間に一度、抜き打ちで教師がチェックするようにしている。

教師がチェックしないと、これ幸いと誤魔化す子もときどき出てくるからである。

●抜き打ち宿題チェックの時間です。

●1班持ってきます。2班…3班…

●合格です。合格、不合格、合格…

これも5分とかからない。

不合格になった子には「1週間分の宿題をチェックします」と言ってすべてのノートを持って来させる。さすがに子どもも「面倒なことになりそうだ」と気づくはずである。

⑤ノートで学び合う

■ノート展覧会
自学ノートは展覧会方式でお互いの学びを交流し合うようにする。とはいっても、わざわざ特別の時間を設けて行う必要はない。これも朝の会の時間などに行えば5分程度で実施することができる。次のように行う。

●自学ノート展覧会の時間です。
●友達に見てほしいページを見開きで開けておきましょう。
●それでは自由に鑑賞しましょう。（3～5分）

●時間です。
●学んだことを自分の自学ノートに書きましょう。

これを2週間に1回くらいの割合で実施する。このとき、教師も一緒に見て回ることで、子どもたちの自学への取り組みの様子を見取ることができる。

⑥成長ノート

■自己の成長を振り返る成長ノート

これまでに紹介したノートは主に学習に関するものであった。各教科のノートや自学ノートは、あくまでも学習面に特化して「追究の鬼を育てる」ことを目的としているのである。それとは別に「自立した人間を育てる」ことを目的としたノートを使用する。これを「成長ノート」と呼んでいる（「成長ノート」は菊池省三先生から学んだもの）。成長ノートは子どもに渡しておき、行事などの節目の前後に書かせることが多い。

書かせるお題は教師が指定する。

例　運動会

●事前「運動会を通して伸ばしたい力は何か」
●事後「運動会を通して成長したことは何か」

成長ノートは行事以外にも、様々な場面で書かせることでより効果を発揮する。例えば、授業の中で子どもたちの成長が見られた場面で書かせるのもよい。

当時、私の学級では「ブレイクスルー」が学級の目標となっていた。子どもたちが「卒業式で立派な声で返事をしたい」と自分たちで目標設定して取り組んでいたのである。それでも発表の苦手な子はいる。そんな中、学級で最も発表を苦手としていた子が、しっかりとした口調ではっきりと意見を言うことができた。

そこで成長ノートの登場である。

●Aさんがブレイクスルーできたのはどうしてか。

もちろん本人の努力があったことは言うまでもないが、学級の「温かく認めあう雰囲気」や「成長をしようとする態度」について書いている子が多かったのが印象的であった。

成長ノートでは、箇条書きを求めないことにしている。自分の心と向き合うのだから、じっくりと長文で書いても構わない。向き合い方は人それぞれでよいのである。

第3章

本当の自立へと導く指導

1 自立した人間を育てる

①自立と自律

■自立と自律

私たち教師は、子どもたちが将来、社会に出たときに自分の力で生きていくことができるように指導するのが仕事である。

勉強だけ教えるのも違うし、人間関係の調整だけ教えるのも違う。これらを総合的に指導し、結果的に「公に強い人間」を育てていくことが求められているのである。

自立した人間とは「自分で考え自分で行動する人間」を指すが、自立を考えるとき、同時に自律についても考えておきたい。自立と自律は「自分のことは自分でやる」という意味においても同義であるが、自律の場合、「自分の気ままを制御する」という意味が含まれてくる。

社会で生きていく上では、時に自分を制御することも必要である。「自分が、自分が…」と激しく自己主張したところで、周囲の同意が得られなければ、単なる自己満足に終わってしまう。やはり、自己主張もありながら、周囲の意見も聞き、自己実現を図っていく態度は、義務教育段階から指導しておくべきである。

②一斉指導と放任

■強すぎる一斉指導と無責任な放任

学校現場では「主体的な子どもを育てる」「考える子どもを育てる」「行動できる子どもを育てる」などと言いながら、実のところ真逆なのではと思うような実態がある。

こうした実態が生じる原因は、教師が「任せ方を間違っている」ことにある。

私は「間違った任せ方」には2種類の形があると考えている。

(1)強すぎる一斉指導

一斉指導は大切である。一度に40名程度の子どもを指導するには、教師が子どもをリードし、授業を展開する必要がある。しかし、年間を通して教師が子どもを引っ張り続けるとどうだろう。子どもは教師の指示を待つようになり、自分で考え動くことができなくなるに違いない。

例えば学年の終わりが近くなる3月に、子どもが教師の指示を待っている状態が放置されているのであれば、これは教師の一斉指導が強すぎると考えてよい。

こういった学級では「先生、次は何をやるのですか」という声が頻繁に聞こえてくる。本来、子どもに任せておくべきことが教師の仕事になってしまい、ひたすら教師が疲弊していく様子が手に取るようにわかる。

こういうタイプの教師に共通するのは基本的に「子どもを信じていない」傾向があるということだ。また、子どもに失敗させないことを優先しすぎて、教師が先回りしすぎるのもよくあるパターンである。

教師は、指導すべきことを指導した後は、子どもを信じて任せ、自立への道が拓けるよう自分自身の教育観を見直す必要があるだろう。

(2)無責任な放任

一方、最近特に目立つのが「無責任な放任」である。このタイプの教師は指導すべきことを指導せず「子どもに任せておけば成長する」などという無責任な思考に囚われているのである。

ネットの世界、特にSNSにおける教師の発信を見ていると「教えることがよくない」「子どもに任せておけば教師が楽をすることできる」といった趣旨の書き込みが多数見られる。

こういった発信をどうやら鵜呑みにしている若い教師も多いようで、実際にリアルな教室で子どもに活動を任せたばかりに、痛い目に遭っている教師もいるだろう。

さらには驚くことに「自分の学級が崩壊している」という事実に気づくことすらできない教師も増えてきている。明らかに子どもが自由すぎる振る舞いに終始しているのにも関わらず、本人は至って平然としており、「うちの学級は教師がいなくても大丈夫な学級だ」

と自信をもっている。

最近流行の「自由進度学習」においても、疑問に感じる実践が出てきている。子どもの自由を尊重するあまり、離席して遊んでいてもOK。授業中にイヤホンを許可し、自由に音楽を聴きながら学習してよいという実態もある。

これらは子どもの特性に応じているのだそうだが、ハッキリと言わせてもらえば、それならば、もはや子どもが学校に来る意味はないとさえ思う。

■社会全体に目立つ「他者任せ」

社会全体に目を向けてみると、SNSを中心とした誹謗中傷が目立つようになってきた。政治に対する不信感や芸能人、スポーツ選手などに対しての攻撃的な態度を見るにつけ、まったく自律することのできていない人間が社会に放り出されていることがよく理解できる。

こうした人間を育てた責任は学校にもあるに違いない。

学校においても、問題行動を繰り返す子に対する指導は年々難しくなっている。授業中に大声を出し、他者に迷惑をかけている子どもを制御することができない。こうした子どもを叱ることもできない教師が増えている。

子どもを叱れない要因としては、第一に叱ると保護者が抗議してくるということがある。叱られたことを子どもが保護者に報告すると「どうして叱られなければならないのだ」とばかり逆ギレを起こすパターンもある。こうなると当然、教師は子どもを叱れなくなる。結果、問題行動はいつまでも収まらない。

また、教師が子どもに気を使いすぎて叱れないパターンもある。子ども自身が叱られたことに腹を立て、教師に対して嫌悪感を示したり、あからさまに反抗したりする。これを恐れる教師は子どもを叱れない。

こうしたことが繰り返される中で、本来、学校教育の場において身につけるべき態度が改善されることなく、そのまま大人になってしまったのであろうことは容易に想像がつく。

このような実態のある中で「自立した人間を育てよう」と思えば、単純に教科学習を中心とした学力に重点を置いた指導だけでは太刀打ちできない。

そこで大切になってくるのが、子どもを「人として成長させていく」という考え方なのである。

③若き日の学び

■初任の頃の苦い思い出

初任者のときに痛い目に遭った。今思えば教師という仕事を軽く見ていたのだと反省するしかない。

初任では3年生の担任となった。

子どもを指導した経験は教育実習と塾講師のアルバイトのみ。これで1年間を乗り切れるはずもなかった。

最初の頃は順調に思えた。しかし、実際には静かに崩壊は進行していたのである。あるときから子どもたちが騒がしくなった。それに対して、私は有効な手を打てなかった。できることといえば叱責のみ。当然子どもたちの心は離れていった。

その年、新採に優しい地域の土地柄もあり、僅かなクレームで済んだのは助かったのだが、子どもたちが言うことを聞かなかったという事実は重くのしかかった。

1年目を終えた春休み。今のままではダメだとはっきりと認識し、教育書を読み漁り、実践に没頭する日々がスタートした。

■追試の日々から学んだこと

教育に関する月刊誌を複数購読し、書店で教育書を買い求め、日々実践を追試する日々が続く。

子どもの成長だとか自立だとか考えている余裕などなかった。とにかく教育書に書いてあることをそのままやり続ける。

学級が崩壊しなければそれでいい。そんな思いだけで突っ走っていた。

休む間もなく指導は続く。すべて一斉指導である。今思えばかなり強引で一方的な指導であったと思う。

そして迎えた10月。子どもたちに変化が訪れた。

それまで私の指示に従って動くしかなかった子どもたちが自主的に動いている。いつの間にか給食当番も自分たちでできるようになっている。掃除もそうだ。そこからは早かった。子どもたちは、知らないうちに自分で考え、動けるようになっていたのである。

■偶然ではなく必然

このとき、一つの仮説が生まれた。

●指導すべきことを指導すれば、いずれ自主的に動けるようになる。

初任者のときの私には、まったく指導力が不足していた。指導するというより、行き当たりばったりで子どもを動かし、時に怒鳴っていただけであった。

その反省を生かし、子どもが荒れる暇がないくらいに指導に指導を重ねた。その結果、子どもたちは自主的に動けるようになった。

このとき確信した。子どもに自主性を求めるのであれば、指導すべきことは徹底的に指導すべきだと。

その翌年、前年度の仮説を検証する必要があった。学級開きの前に綿密に戦略を練った。何をどう指導すればよいのか。また、どれくらいの期間指導すればよいのか。指導内容は教科だけでいいのか。態度はどう指導すべきか。

様々なことをノートに書き出し、一つ一つ検証を重ねることにした。

その結果、その年も同じような現象が生じたのである。それは子どもたちの変化は10月に訪れるというものである。

子どもの成長は急には実現しない。４月からの地道な指導が子どもたちの中に蓄積し、10月頃に徐々に芽を出し、そして花開く。

それからは、あっという間に子どもたちは自分たちで動けるようになる。この経験は今でも役に立っている。

■元来教師は社会と闘ってきた

力のある教師、芯のある教師は簡単に時代になびかない。

教育界は常に流行の中に晒されている。あるときは「自分探しの旅」またあるときは「ＰＩＳＡ型読解力」。その時々の世界情勢を反映した教育観が文部科学省から示されるたびに、右往左往する。流行を追いかけることに気を取られ、気づけば教師として大切な指導力を失っていく。

私たち教師は、時代の流れを読みつつも、れっきとした指導力を身につけ、勇気と自信をもって子どもたちを指導すべきである。

元来、学校というのは社会と闘ってきた歴史がある。

かつては子どもを学校に行かせない家庭が多かった。子どもは家庭を支える一員と考えられていた時代には、子どもは学校を休んで家の仕事に従事していた。その結果、子どもたちの才能は開花することなく埋もれる結果となったのかもしれない。

そんな時代においても、教師たちは家庭に出向き、子どもを学校に来させようとした。時には子どもたちを野外に連れ出し、過酷な労働から解放しようとしたのである。

そして今はどうだろう。考え方が多様化し、学校に行かない選択肢も認められる時代。正当な叱りすら通用しないこの時代に、子どもたちを指導するには、しっかりとした教育観と教育技術が求められる。

今は子どもを自由に放任している場合ではないのである。教師は謙虚かつ貪欲に学び、信念をもって指導にあたる必要があるのだ。

■ＳＮＳとどう付き合うか

誰もが自由にネットで自分の主張を語ることができるようになった今、ＳＮＳには教師たちの罵詈雑言が躍っている。

あるときは、対管理職、またあるときは対保護者、さらには社会全体に対する不平不満がネット上で爆発している。こうした書き込みをする人間の気持ちもわからないではないが、匿名で発するそれらの言葉に説得力はないと私は思う。

書き込みで多いのが、働き方改革に関わるものである。「仕事が多すぎて定時に帰ることができない」と嘆く投稿は途切れることがないが、それはすべて学校に責任があるのだろうかと疑問に思うことがある。というのも、私自身のことを振り返ると、定時に学校を出なかったことの方が少ないからである。ある年は「教務主任」「研究主任」「学年主任」を兼ね、さらには文部科学省指定校として、全国大会を開催したのだが、そのときすら時間外勤務はほぼなかったと記憶している。当然だが、必要な仕事は終えて帰宅の途についているのである。

ＳＮＳの情報ばかりに目を奪われると、こうした問題のある学校は日本全国に存在しているように感じられるが、果たしてそうだろうか。

こうした情報に惑わされることなく、目の前の学校現場の現実から目をそらさず、よりよき方向へと取り組んでいく姿勢は、今こそ求められているのだと考える。

2 1年間を見通した自立への戦略

①タフィ・ラファエル理論

米イリノイ大学の教育学部教授だったタフィ・ラファエルの考えによると、子どもを自立に導く指導過程を以下のように分類している。

←教師の管理が強く、子どもの活動が低い

1 明確な指導
2 モデリング
3 支援

４　明快な指示

５　参加

→教師の管理が弱く、子どもの活動が高い

指導の初期段階では教師の管理を強くして、指導やモデリングを行い、徐々に子どもの活動を増やしていく。そして最終段階では、子どもも活動を大きく増やし、教師の管理を弱くするという考え方である。

これと似たような理論は世の中に多数存在するが、私がタフィの理論に惹かれたのは５の「参加」にある。

例えば90年代には「教師が消える」という考え方が確かに日本に存在した。子どもたちの活動が主体となったとき、教師は消えて子どもに活動を任せてしまうという考え方である。

私はこの「教師が消える」という表現に大きな違和感があった。教師が消えてしまっては何のために教師が存在するのかとさえ思ったものだ。

この点においてタフィは明確な教育観をもっていた。

●教師は消えるのではなく確かに存在する。そして教師は子どもの活動に飛び込み自ら参加する。

教師は決して指導を投げ出さないという強い意志の表れである。私はこのタフィの教育観を全面的に支持したい。

■明確な指導

タフィは、子どもに活動を放任することなく、きちんと型を教えるべきだと主張する。彼女の専門はリテラシー、つまり読解力である。例えば読書教育において子どもたちは読書の方法を知らないという前提に立ち、その読み方を躊躇せず教えるのである。

■モデリング

日本語でいう模倣である。学習の初期段階においては、優れた学習方法を模倣により取り入れることの重要性を主張しているのである。

特に子どもたちにとって教師の姿は手本となる。教師は率先してあるべき姿を子どもに提示し、それを模倣させるべきだとしている。

■支援

学習の型を知り、学習方法を模倣する中で子どもは「学び方」を学ぶ。このとき重要なのは知識を注入するのではなく、あくまでも子ども自身の力で学ぶことができるよう、教師は支援し続けることである。このとき、教師は徹頭徹尾、子どもを励まし続ける。子どもに寄り添って、最後まで見届ける覚悟が必要なのである。

■明快な指示

子どもたちが力をつけ、自力で活動できそうになってきたとき、そのチャンスを見逃してはいけない。自分たちでできるはずの活動をいつまでも教師が仕切っていてはダメなのである。教師はきっぱりと明確に自分たちで活動するように指示を出す必要がある。見極めるのは教師の仕事である。

■参加

子どもたちが自分たちの力で活動できるようになったとき、教師が消えて完全に任せてしまってはいけない。指導を放棄してはいけないのである。確かにこの段階において教師が必要以上に関与するのは逆によくない。

そこで、教師が活動に参加するという視点をもつことが大切になる。子どもと一緒になって活動しながら共に学ぶ姿勢を見せ続ける限り、子どもたちはその姿に励まされ、最後まで物事をやり遂げるに違いない。

②自立に必要な力をつける

■教科学習を超えた価値観の指導

これまで紹介してきたように、子どもを自立させるために様々な方法論を用いることは大切である。そして実際に毎年実践を重ねてきている。

ところが年度によって明らかに学級の成長に違いが見られることがある。大きく成長した実感のある学級には何があったのだろうか。逆に可もなく不可もなく終えた学級には何が足りなかったのだろうか。

これに対する答えは明確である。

●子どもに「自らの成長」を意識させるための価値観を指導したかどうか。また何を指導したのか。

以下に述べていく価値観は、子どもが成長していく過程において意識すべき項目を経験に基づき厳選したものである。

■進歩は加速度的に訪れる

この言葉を知ったのは90年代に向山洋一先生の著書『子供を動かす法則と応用』である。

向山先生は「努力の蓄積と進歩の訪れ」と題し、以下の仮説を提示している。

●努力は段階的に重ねなければならないが、進歩は加速度的に訪れる。

この本の初版である1984年時においては仮説だったと思われるが、今現在、もはや仮説ではないだろう。

私自身も自分の学級において愚直に指導を重ねた結果、10月に子どもたちが大きく成長する姿を見てきたのである。

中学生のときにギターを始めた私は、ギターを抱えたまま、途方に暮れていた。当時は動画サイトなどなかった時代である。ギターを学ぶには音楽学校に通うか、教則本で学ぶかくらいしか選択肢がなかったのである。

最初の1か月は手にしたギターに違和感があり、抱えることすら困難だった。それでも諦めきれなかった私は、教則本を手に少しずつ練習を重ねた。

弦を押さえる指が腫れ上がり痛みに堪える日々が続いた。それでも一向に弾けるようにはならない。いつ諦めてもおかしくない状況が続いていた。

それでも毎日少しでも練習を重ねていたある日、急にギターが手に馴染んだ感触があった。それから数日後、いきなり弾けるようになったのである。嘘みたいな話だが本当の話だ。

この話を子どもにするかしないかで、子どもたちの物事に取り組む姿勢は大きく変わってくる。例え結果がでなくても、地道に努力を重ねることで、いつか加速度的に進歩する日がやってくる。これが子どもを励ますのである。

私は自身の経験を踏まえ「10月までは油断せず努力を惜しまないこと」を徹底する。教えるべきことは10月を目処にしっかりと教え切るイメージで指導を重ねる。その間は決して手綱を緩めない。

気がつけば10月。秋を迎える頃には驚くくらい子どもたちは成長していることだろう。教師があれこれと言うまでもなく、子どもたちが自分で考えて動き始める。

「魔の11月」は、地道な努力を怠った学級特有の現象であるに違いない。実際11月は学級にとっても収穫の時期なのである。

■行動が変われば意識が変わる

子どもに「成長に繋がる価値観」を指導するときに大切なことは「まずは行動させる」

ことである。

「楽しいから笑うのではなく笑うから楽しい」「悲しいから泣くのではなく泣くから悲しい」というフレーズを聞いたことがある人も多いだろう。

これはアメリカの心理学者ジェームスとオランダの心理学者ランゲが同時期に提唱した説である。

道徳の授業を思い出してほしい。授業で「礼儀」について考える。では授業後に子どもたちが礼儀正しくなっているかといえばそうでもない。頭で考えたことを行動にうつすのはそんなに簡単なことではない。

それよりも、普段から礼儀正しく行動するよう指導する方が、はるかに効果があるのだ。

例えば卒業式は、小学校生活の最後を飾る大切な儀式であり、最後の授業でもある。

多くの学校では担任が卒業生の名前を読み上げる。そして子どもたちがそれに応えて返事をするといった場面がある。

そのときに子どもたちが大きな声で堂々と返事をすることができるだろうか。

卒業式の練習が始まる。

実際に声を出させると、びっくりするくらい声が小さい。これに衝撃を受けた教師が

「大きな声を出しなさい」と厳しく指導するが、「時すでに遅し」である。指導は4月からやっておかなくてはならない。

6年生を担任すると、私は短冊に「ブレイクスルー」と書いて教室に貼り出す。「ブレイクスルー」とは「殻を破る」という意味である。卒業式のときには「殻を破って正々堂々と返事をしてもらいたい」という願いを込めているのだ。

取り組みは4月から始める。

しっかりと息を吸って「はいっ！」と返事をさせる。まずは行動を変えるところから始めるのである。

最初は全員で行い、次第に個人へと移行する。最初は小さかった返事も次第に大きくなる。

そこへ道徳の授業を絡めていく。「はい！」という返事一つとっても「礼儀」「勇気」「感謝」などさまざまな価値観と繋がっていることを考えさせるのである。

ちなみに返事の指導については、次のように行うとやりやすい。

●返事のＡＢＣを提示する。

Ａ　はいっ！（一流）

Ｂ　はい（二流）

Ｃ　はーい（三流）

●一流を目指して練習させる。

このＡＢＣの指導はあらゆる面で応用可能なのでおすすめである。（例　姿勢のＡＢＣなど）

教師の方で、ＡＢＣの基準を示すといいだろう。

■愛ある「叱り」を受け入れる

「叱る」とは、子どもの改善すべき点を指摘することである。

「友達をからかう」「掃除をサボる」「授業中に他人に迷惑な行動をとる」といった公の場にふさわしくない行動に対してはバシっと叱った方がよいときもある。

ところが最近、叱ることはよくないという空気感が社会に広がっている。

例えば上司が部下のことを思って叱ったとしても、叱られる側が受け入れることができなかった場合、最悪「パワハラ」認定されかねない。

これは、学校も例外ではない。学校現場では、「叱る」ことのできない教師が増えてきているのである。

叱れない理由を二つ挙げてみる。

一つ目は「叱る」ではなく「怒る」になっているパターン。

こういう教師はひたすら子どものできていないことを指摘し続ける傾向がある。時には、教師のイライラを子どもにぶつけているのではないかと思えることもある。こういった学級では、子どもたちの自己肯定感が下がり、教師への信頼感も薄らぐ。その結果として最終的に学級が崩壊してしまうこともある。

二つ目は、叱った後の「子どもや保護者の反応が怖い」パターン。最近ではこれが非常に多い。叱ったことで、子どもが教師に反抗するのではないか、子どもが家に帰って保護者に伝えたらクレームが来るのではないかと怯えてしまう。そんな弱気な教師が増えつつある。

明らかによくない行動をしていても教師が叱らないのでは、他の子も安心して生活することができない。やはり時には叱ることも必要なのである。

ただし、叱ることが必要だとは言っても、ただ闇雲に叱ればよいということではない。例えば「ほめる」:「叱る」を6:4の割合にして「ほめる」割合を多くすると教室の雰囲気はかなりよくなるだろう。

ちなみに私は教室では次のイメージで指導している。

●ほめる:叱る=9:1

できるだけほめることを多くし、叱ることを減らしていく。毎日叱るよりもたまに叱る方が、よりインパクトがあって子どもたちの心にも響きやすい。

さらにできるだけ叱るパターンにならないように、次のような指導をしている。菊池省三先生に教えていただいた「正しい叱られ方」である。

●正しい叱られ方の5段階

1　受容

2　反省

3　謝罪
4　改善
5　感謝

これを次のように指導する。

●みなさんが「人をからかう」などの公にふさわしくないことをしたとき、先生は叱ります。
●先生が叱ったとき、逆にキレて、反発するようでは、成長は望めません。
●これから正しい叱られ方について教えます。
●レベル1。叱られたことを受け入れます。これができないとお話になりません。
●レベル2。叱られたことを受け入れて反省します。
●レベル3。謝るべきときはきちんと謝ります。
●レベル4。自分のしたことを反省し、同じことを繰り返さないように改善します。
●レベル5。叱られたことを自分の成長に繋げることができればきっと叱ってくれた人に「ありがとう」と言えるでしょう。

●では、実際に先生に叱られるようなことがあれば、またそのときにあなたがどのレベルに達しているのか、聞かせてもらいましょう。

これを4月に指導しておくと、不思議なくらい教室でのトラブルが激減する。おそらくこの指導が、かなりの抑止力をもっているのだと思う。

数年前にもった6年生の証言では、1年間を通して私が叱った回数はたった1回だったという。

■まねる力

子どもたちがわざわざ学校へ登校するのは、教師や友達から「学ぶ」ためである。ただ単に知識を得たいのであれば、家でネット検索するだけで数多くの情報を得ることができる時代である。しかし、ネット検索では実際に体験することが難しい。

教室ではリアルな学びがある。教師は目の前でライブの授業を展開している。「対話」の場面では、その場その場でさまざまな意見が飛び出してくる。家庭科では実際に料理を作ることもある。体育では、息を切らせてグラウンドを走り回る。これらの体験はまさに実体験を伴うものである。

実体験を伴う「学び」のなかで、最も基本的なものが「まねる」である。

齋藤孝先生は著書『まねる力』の中で「模倣こそが創造である」と主張している。確かに私たちが何かを学ぶとき、最初はまねから入ることが多い。ひたすらまねているうちに、次第に自分の色が出始め、いつしか自分のやり方が確立されるという主張には説得力がある。

音楽の世界には「完コピ」（完全コピーの略）という用語がある。これはアーティストの歌や演奏をそっくりそのまま、まねて再現するという意味である。これが音楽そのものの理解に大変役立つ。例えばビートルズの楽曲をコピーすると、現代音楽に通じるあらゆるコード進行を理解することができる。

新任の頃、私がまねしたのは、野口芳宏、有田和正、向山洋一の3名である。当時、明治図書を中心に活躍されていたこの3名はいわば教育界のスターであった。彼らの著書を買い集め、次から次へと追試した。追試する中で、徐々に授業や学級経営の在り方について学び、今の自分の実践へと昇華してきたのである。

教室においては、参考になる事例を積極的にまねするよう子どもたちを指導する。例えば、姿勢のよい子がいれば、次のように話す。

●～さん、あなたの姿勢はとてもよいですね。～さんの授業に対するやる気がみなぎっています。皆さんも～さんの姿勢をまねしましょう。

こうすると、一瞬にして教室中の姿勢がよくなるのである。

「まねる力」をさらに充実させるためには、記録を残しておくことも重要となる。

次年度以降の参考になりそうなものは、できるだけ写真や動画で残すようにしておくと、いざというときに参考になる。

例えば、お楽しみ会が計画されたとき、今ひとつ盛り上がりに欠けそうだなと思えば、過去のお楽しみ会の映像を紹介する。

私のハードディスクには本人、保護者の許可を得て保管されている映像が残っており、その中の「伝説のハロウィンパーティー」は毎年大好評である。

この映像には子どもたちが殻を破り、学級全員の全力でダンスを楽しむ様子が映っている。これを子どもたちに見せると「ここまでやっていいのか！」と意識が変化し、俄然やる気になってくる。そして「伝説を越えよう」と企画段階から熱のこもった議論が交わされるようになる。「先輩から学び、先輩をまねる」ことで、自分たちの活動を充実させることができるのである。

また「教師は子どもの手本である」という考えに基づき、積極的に教師のまねをさせるのも効果がある。教師のモデリングである。

私は「先生の授業の進め方をよく見ていなさい」と話す。これは最終的に授業を子どもに任せようとしているからである。子どもはよく見ているもので、例えば秋以降に子どもに授業を任せてみると、見事に学級担任にそっくりな授業を展開する。気づけば教師の口調までまねている子もいる。このようにまねることを楽しめるようになると、「学び」はさらに充実したものになるだろう。

■選択の力をつける

人生は選択の連続である。

道を歩いていると交差点に差し掛かる。こんなとき、私たちはどの道を進むのか決めなくてはならない。右折するか、左折するか、それとも直進するか。もしかしたら引き返す選択肢もあるのかもしれない。

意を決して左折した結果、事故に巻き込まれるかもしれない。しかし、それは自分で選択した結果である。自分で選択したのだから責任は自分にある。

考えてみれば、私たちは選択の権利をもっているとも考えられる。封建時代には、職業選択の自由すら認められていなかったのだ。

ところが、この大切な権利を自ら放棄し、他人任せで生きている人も多い。

例えば、選挙の投票率をみれば一目瞭然である。日本中で選挙が行われているが、一様に投票率が低い。考えようによっては投票に行かないという選択をしたとも考えられるが、普通は選挙に行って意思表示をすべきではないだろうか。

選択の力をつけるには、意図的に選択する経験を積むとよい。学校生活でいえば、授業の中に選択の場面を多く取り入れるのである。

例えば、発問に対し、賛成か反対かを選ばせたり、複数の選択肢の中から選ばせたりする。授業における選択の場面では、次のような型が考えられるだろう。

●あなたは筆者の考えに賛成ですか。賛成する人は○、反対する人は×をノートに書きましょう。（国語）

●塩酸に溶けた金属はどうなったのだろうか。次の選択肢から選んで記号をノートに書きましょう。

ア　金属は液の中に残っている
イ　液の中で別のものに変化している
ウ　気体となって液の外に出た

こういった発問・指示によって、子どもたちの選択の機会を増やしていくことができる。私たちは、様々な選択に際し、反射的に行動していることが多々ある。先の交差点の例だといちいち左折、右折、直進に理由をつけながら選択しているわけではない。だとしても、選択に際し、特に理由もなく選択してよいか、というとそれも違う。自分の選択に責任をもたせようとするのであれば、仮にその選択の結果がどうあれ、それを受け入れられるようにしたい。

そのためにも、授業においては、選択するときには必ず理由を書かせるようにする。自分なりに理由づけをして、納得の上で選択したことであれば、どのような結果でも受け入れることができるのである。

養老孟司先生は自身の公式動画配信サイトで次のように語る。

●人生に正解なんかないのだから正解のない状態でいかにもちこたえられるかっていうその能力がつかないと自立できないですね。

人生は選択の連続であるのにも関わらず、その結果に正解はない。選択が正解だったかどうかは、もしかしたら人生を終える間際になって振り返ることなのかもしれない。

養老先生の言う「正解のない状態でいかにもちこたえられるか」の意味は深い。選択の結果は自分自身に責任がある。これを肝に銘じながら日々を生きていく。それが人間なのである。

■失敗することを恐れない

人は失敗を恐れる。失敗が怖いから、チャレンジできないという事例はたくさんある。学級の中で発表することが苦手な子に話を聞くと多くが「間違えたら恥ずかしい」と答える。これも失敗したくないという思いが先行してのことである。

かつてJリーグにおいて、驚くくらい「失敗を恐れない」チームが存在した。チームはジェフ市原（現在のジェフ千葉）。監督はイビチャ・オシム氏である。

彼は数多くの名言を残しているが、その中でもとびきり有名なのが次の言葉である。

●リスクを冒して攻める

オシムのサッカーでは、選手のポジションが流動的で、次から次へと後方の選手が前に飛び出してくる。当然、守備をする選手が少なくなり、カウンター攻撃を受けるリスクは高まる。

それでも彼は前へ前へとチャレンジさせた。彼の攻撃的サッカーは当時の日本では衝撃をもって受け取られた。そして、実際に彼は「リスクを冒して攻める」サッカーでクラブ初のカップ戦のタイトルをジェフにもたらしている。

失敗を恐れない人間を育てるためには、まず失敗が悪いことではなく、次へのチャレンジの糧になることを教えるべきである。

野口芳宏先生は次のような言葉で子どもたちを励ます。

●そこが間違いだとわかってよかったじゃないか。

●間違えるから学校にくるのさ。間違いだとわかること、それはとても素晴らしいことなのだよ。

コーチングの第一人者である本間正人先生は、失敗という言葉を変えたいと主張している。

●失敗＝未成功

失敗は成功に向けてのステップであるということを「未成功」という言葉で表現している。

野口先生も本間先生も、目指すところは共通している。失敗を恐れない人間を育てようとしているのである。ちなみに私の教室では、間違いは存在しない。算数の答え合わせでも「違います」ではなく「おしいです」と言わせるようにしている。

■変化することを恐れない

かつての教え子に、いつも不機嫌そうな顔をしている子がいた。前年度は、担任に対して反抗し、授業妨害を繰り返してきたという。

彼は自分のことを「ボス」と呼び、学級内の男子数人を「手下」として引き連れていた。新学期となり、私が担任となった後も、彼の態度は大きく変化しなかった。変化したのは、彼に仕えていた手下たちである。

あるとき、手下たちが揃って私のところへ来てこう言った。

●悪いグループから抜けたいです。ただボスに何を言われるかわからないから怖いです。

ひとしきり、話を聞いた後、私は次のように言った。

●あなたたちは変わろうとしているのですね。人間は変わる生き物なのです。変わる気があれば、今すぐ変わることさえ可能です。

●明日グループ全員を集めなさい。そして、リーダーにグループを抜けることを伝えましょう。そのときは先生が立ち合います。

翌日、グループ全員が集まった。ボスは仏頂面でうつむいている。手下たちは、もはや晴れやかな表情さえ浮かべて、グループ脱退の旨をボスに語る。全員の思いが伝えられたとき、ボスはさみしそうに「好きにしろ」とだけ言った。

しばらくの間、元ボスだった子は、不機嫌な顔を崩すことはなかった。しかし、彼の本心は別のところにあると思えた。

機を見計らって声をかけてみた。

●いつまで意地を張るつもりだい？

彼はしばらく黙っていたが、最後は観念したのかこう呟いた。

●今さら真面目になったところを見られるのは恥ずかしい。

私は元手下たちを集め、元ボスを誘って遊んでみてはどうかと提案した。元手下たちもこれには大賛成である。かつては酷い目に遭っていたとはいえ、実際には一緒に遊びたかったに違いない。

こうして、かつての悪のグループは真の意味で解散したのである。

私たち人間は、細胞レベルで毎日少しずつ入れ替わっているのだという。昨日の身体と今日の身体では、一部が入れ替わり、考えようによっては別の人間にさえなっているのかもしれない。変化を恐れて、何も行動を起こさなければ、世界は何も変わらない。変化を起こすためには、まず勇気をもつこと。そして恐れずにチャレンジすることが何よりも大切なのである。

③自立へと導く語り

■話し方を磨く

この本を締めくくるにあたり、教師の語りについても触れておこうと思う。

これまでさまざまな教師の技術について書き綴ってきたのだが、技術だけではどうしようもない世界があるのも事実である。

そのうちの一つが「教師の語り」である。

教師の仕事は基本的に子どもたちの前で何かを話すことから始まる。問いを発する、指示を出す。そして説明するなど。

こう考えていくと、教師が「話し方」や「語り方」について、己の技術を磨いていくのは当然のことのように思えるが、実際のところどうだろうか。ほとんどの教師が自身の「話し方」や「語り方」に気を配ることを忘れていないだろうか。

■フィラーとは何か

例えば、話すときに「えーと」とか「あのー」などの言葉が数多く出てしまう人がいる。このような言葉のことを専門用語では「フィラー」と呼ぶのだが、「フィラー」の多い話し方は、相手にとって耳障りで聞きづらく、時にはそれが原因で話す内容に説得力を欠いてしまうということも起こりうる。

アナウンサーをはじめとする、プロの語り手は、徹底的に「フィラー」を排除しているのだが、当然そこには、「話し方を磨く」という視点での努力が隠されているはずである。「フィラー」を防ぐために必要なのは、次の３点だとされている。

①平常心であること
②話す内容が決まっていること
③短く、簡潔に話すこと

このうち、すぐに取り組むことができるのは②と③である。①に関しては、話す内容が決まり、それを短く簡潔に話す練習を積み上げたうえで到達できるのであって、いきなり平常心で話すことなど難しいに決まっている。

■話す内容は箇条書きで決める

話す内容を決める際のコツは、トピックを箇条書きにすることである。

学校の研究発表会をはじめ、教師のプレゼンテーションの多くは、原稿の丸読みで、あらかじめ決められた内容をスライドに沿って読み進めていくスタイルである。

まずは、ここから脱却してもらいたい。

そのための箇条書きなのである。

ここで、先日、ある学級を対象に準備した「語りのためのメモ」を紹介しよう。

「新規採用の教師へのアシスト」

・私にも新採用の時代があった。

・プロではなかった。

・正月にあったクラス会は当時の学級の子が企画した。

・当時の思い出は、かけがえのないもの。
・エール

この語りは、これまでに私が経験したことのないものだった。メモにあるように、この語りの目的は「新規採用の教師へのアシスト」である。

このとき、私は高学年の理科を専科教員として担当していたが、同時に、校内においては、「子どもたちの繋がりを支援する」教育観の共有やそれを実現させるための教育技術について、学級担任を支えていく立場にもあった。

そして、学級担任の中に、一人の新規採用の教師がいたのである。

■エピソードで語る

語りの基本は「エピソードで語る」にある。

エピソードとは、挿話といって、話し手の本人にまつわるちょっとした話題をさす。

このとき、最もよいのは、話し手の人物像が浮かび上がるような語りをすることであるが、そのためには、実際にあった話、実際に考えていることなど、要するに作り話をしないことが大切である。
例えば、道徳の時間の最後に、教師が思い出話を聞かせるような授業があるが、このとき授業内容に応じる形で「作り話」を話す人がいる。これは全くおすすめできない。もしかしたら聞き手は、作り話であることを敏感に感じ取ってしまうものなのかもしれない。そう思えるくらいに、作り話は相手の心を動かすことはできないものである。

■実際の語り

このときの、実際の語りの様子が記録に残っているので紹介しよう。
4月の最初の理科の時間。私自身も子どもたちと初めて授業したときのことである。
通常の授業を終了5分前に終え、静かに語り始める。
出だしは「そういえば……」これだけは決めていた。

そういえば……
みなさんの担任の先生は、新しく先生になった方でしたね。
信じられないかもしれませんが……私にも、先生になって初めて担任した学級があるん

です。（小さな笑いが起こる）
受けもったのは3年生。
かわいい小さな子どもたちでした。
でもね……
先生は、最初、とてもプロとはいえない先生だった気がします。
今とは違って、授業も下手くそだったんじゃないかな……
今思えば、かなりキツイことも言ったと思います。
大声でどなったこともたくさんありました。
思い出すとね、反省することばかりです。

今年の正月に、クラス会というのがありました。

先生の教え子が集まって思い出を語る会です。

そこに先生も招待されました。

招待してくれたのは……実はね。先生が初めて担任した、あのときの子どもたちだったんです。（驚きの様子）

先生のことを覚えてくれていたんだなぁととてもうれしかったです。

会に行ってみると、当然ですが、全員大人の集まりでした。

でもね。顔を見ると、全員の名前が思い浮かぶんです。

さらにですよ。あの年に起こったいろいろな思い出が、次々と思い出されたんですね。

大人になった子どもたちに、昔の先生の思い出を聞いてみました。

するとね。先生がどなったことなんて、みんな忘れていました。（大きな笑い）

みんな、こんなことを言うんです。

「若くてかっこよくて自慢の先生だった」とか「ドアが上に開くすごい車に乗っていた」とかね。

うれしそうに話してくれるんです。

これには本当に驚かされました。

さて、今年度、みなさんは教師として新しいスタートを切った先生とこれから1年間歩んでいきます。

きっとね。担任の○○先生にとっては、忘れられない特別な子どもたちになるのだと思います。

これは間違いないですよ……先生がそうだから……

この1年間、みなさんと○○先生とで、すてきな思い出をつくってくださいね。

なんだか、話しているうちに、みなさんのことがうらやましくなってきました……

（しばらく間をあけて）

では、お話を終わります。

このときの語りが、聞き手である子どもたちにどれくらい届いたのかは、今となっては確かめようがないが、この授業の後、子どもたちの支援のために教室に居合わせた方がずいぶんほめてくださっていたことを伝え聞き、心からうれしく思ったものである。

おわりに

今の学校現場に必要なのは、学校が「公の場」であることを、子どもに教えることだと思っている。「公の場」などという言葉を使うと、「それって大人の世界の話でしょ？　子どもにそれを求めるのは酷だよね」なんて言われそうだ。しかし、学校というのは「公の場」以外のなにものでもない。公共の施設という意味では、病院や役所などと何ら変わりはないのである。そんな「公の場」では、子どもも大人も、人として意識しなければならない最低限のマナーが存在するはずである。

授業が始まっても席につかない。授業中に私語が止まらない。こういった子どもの振る舞いは、教師が「公の場」にふさわしいマナーについて指導していないことに起因する。指導もせずに自由にさせた結果、子どもたちは自らの身勝手な行動を優先して、他人に迷惑をかけているということを忘れてしまっているのである。

私自身を振り返ると、「家での私」と「教師である学校での私」は明らかに違う。仕事の現場である学校はまさしく「公の場」である。

出勤途中の私は、まだ「家の私」に近い。でも学校の門をくぐった時点で「教師の私」に切り替わり、仕事モードへと突入する。学校での私は、テンション高めで声も大きい。明らかにパフォーマンス力が上昇して、家にいる自分とは、別人格になっている気さえする。

荒れている学級を見ていると、子どもたちに「公」の意識が全く根付いていないことに気づかされる。意味不明の大声、宿題を出さない、教師に対する不遜な態度など。やはり教師は正々堂々と「教室は公の場です。公にふさわしい態度で教室に入ってきなさい」と指導すべきなのである。

昔、タイガー・ジェット・シンと（以降シン）いう悪役レスラーがいた。シンとアントニオ猪木の抗争は、新日本プロレスの看板カードであった。

月日が流れ、シンは大仁田厚率いるFMWという団体の興行に参戦していた。

そんなある日、FMWが広島のとある小さな町のスーパーの駐車場で試合を行った。

駐車場での試合というのはなかなか面白かった。悪役レスラーの控室は、マイクロバスの中なのである。試合のたびに、バスからレスラーが降りてくるというのはなかなかシュールな光景だった。

ふと見ると、バスの中にシンの顔が見える。アントニオ猪木を血祭りにあげていたあのシンである。怖いもの見たさでバスに近づくと、なんとシンは、眼鏡をかけて熱心に分厚い本を読んでいるではないか。悪役シンの姿からは想像もできない光景に唖然としていると、どうやらシンは私の視線に気づいたらしく、本を閉じ、顔をしかめたかと思うと、ばたばたと慌てた様子で騒ぎ始めた。

気づけばシンの手には凶器のサーベルが握られている。

「ヤバい！」

と思った瞬間、シンは狂乱しながらバスを降りて、私のほうへと向かってくる。

私は逃げた。本気で逃げた。そして、本当に捕まってしまうかと観念した瞬間、シンはパイプ椅子を私めがけてぶん投げてきた。そして、見事に椅子は私の足に命中したのである（おそらくシンは手加減したのだろう。私は怪我をしなかった）。

それを見届けたシンは、周囲にいる観客に襲い掛かる。そして、逃げ惑う観客をひとしきり楽しませた後、彼は、いそいそとバスへと戻っていった。

シンの正体は実業家であり、プロレスラー。悪の限りを尽くすプロレスラーであると同時に、実際には頭の切れるビジネスマンであった。バスの中で見せた彼の顔は穏やかな紳士であったが、プロレスという、彼のもう一つの「公の場」では、彼は悪役レスラーであり続ける必要があった。イメージは決して崩さない。その姿勢はまさにプロ中のプロであったといえるだろう。

かつて「プロ教師」という言葉があった。この言葉は「常に学び進化する教師」を指す言葉であった。教育書を読み、サークルやセミナーで最新の教育観や教育技術を手に入れる。そして日々の授業で実践し、真摯に反省する。私はそんな教師に憧れてここまで歩んできたし、これからも歩んでいきたいと思う。

今「未来志向の教室」「新世代LAB」という二つの教育サークルを主宰している。ここに集う教師たちは、一様に前向きで、明るく日々の実践に取り組んでいる。彼らが更に力をつけ、教育界に新しい風を吹かせてくれることを心から願っている。そして私もまだまだ負けずに頑張っていこうと改めて決意している。

出版にあたり、担当の茅野現様には、本書のタイトルをはじめ、貴重なご意見を賜りました。また茅野様のお力添えにより、こうして本書を世に送り出すことができましたことを感謝申し上げます。ありがとうございました。

私の教育観の形成、実践に関しましては、多くの先達の皆様のお知恵をお借りしながら、ここまで取り組んできたものと思っています。改めて感謝申し上げます。

重谷　哲生

参考図書等の紹介

・学級づくりで鍛える　野口芳宏著　明治図書
・硬派　教育力の復権と強化　学校機能復活への直言　野口芳宏著　明治図書
・学習技能を鍛える授業　有田和正著　明治図書
・新・ノート指導の技術　有田和正著　明治図書
・子供を動かす法則と応用　向山洋一著　明治図書
・必ず「ＰＩＳＡ型読解力」が育つ七つの授業改革　「読解表現力」と「クリティカル・リーディング」を育てる方法　有元秀文著　明治図書
・子どもの発言が止まらない！　小学生「白熱教室」入門　重谷哲生著　明治図書
・志水メソッドによる算数の授業づくり　志水廣編著　明治図書
・授業を変えよう　菊池省三著　中村堂
・価値語１００ハンドブック　菊池省三、本間正人、菊池道場著　中村堂
・菊池省三の「話し合い」指導術　小学生版　白熱教室のつくり方　菊池省三著　小学館
・「熟議」で日本の教育を変える～現役文部科学副大臣の学校改革私論～　鈴木寛著　小学館

・やる気を引き出す！　ほめ言葉ハンドブック　本間正人、祐川京子著　ＰＨＰ研究所
・オシムの言葉　フィールドの向こうに人生が見える　木村元彦著　集英社
・まねる力　模倣こそが創造である　齋藤孝著　朝日新聞出版
・仕事道楽　新版　スタジオジブリの現場　鈴木敏夫著　岩波書店
・言語力を育てるブッククラブ　ディスカッションを通した新たな指導法　Ｔ・Ｅ・ラファエル、Ｌ・Ｓ・パルド、Ｋ・ハイフィールド著、有本秀文訳　ミネルヴァ書房
・理科系の作文技術　木下是雄著　中央公論新社
・下流志向　学ばない子どもたち　働かない若者たち　内田樹著　講談社
・戦略思考で鍛える「コミュ力」　増沢隆太著　祥伝社
・ホンモノの思考力　口ぐせで鍛える論理の技術　樋口裕一著　集英社
・こどものとも・かがくのとも　福音館書店
・エルマーのぼうけん　ルース・スタイルス・ガネット作、ルース・クリスマン・ガネット絵　わたなべしげお訳　福音館書店
・ＹｏｕＴｕｂｅ【公式】養老孟司チャンネル
・三色ボールペン情報活用術　齋藤孝著　角川書店

【著者紹介】

重谷　哲生（しげたに　てつお）

広島県廿日市市の小学校教諭。広島大学学校教育学部「地学研究室」を卒業後、広島県の小学校教諭として採用される。キャリアを通じて「読解力の向上」や「自立した人間を育てる学級づくり」に取り組み、現在は教育サークル「新世代LAB（ラボ)」「未来志向の教室」を主宰しながら、次世代の教師を育成するために、日々奔走している。著書には『子どもの発言が止まらない！　小学生「白熱教室」入門』（明治図書）がある。また、その他では菊池省三先生の関連図書（中村堂など）に多数の寄稿をしている。趣味はロック・ジャズを中心としたレコード（アナログ盤）を聴くこと。愛聴盤はビリー・ジョエルの「ニューヨーク52番街」である。

間違った「任せる」が授業を壊す

2024年8月初版第1刷刊 ©著　者　重　谷　哲　生

発行者　藤　原　光　政

発行所　明治図書出版株式会社

http://www.meijitosho.co.jp

（企画）茅野　現（校正）養田もえ

〒114-0023　東京都北区滝野川7-46-1

振替00160-5-151318　電話03(5907)6702

ご注文窓口　電話03(5907)6668

＊検印省略

組版所　広　研　印　刷　株　式　会　社

Printed in Japan　ISBN978-4-18-214239-0